BERLITZ®

THAILANDE

Une publication des Guides Berlitz

11e édition (1989/1990)

Comment se servir de ce guide

- Dans le chapitre *Berlitz-Info*, à partir de la page 104, vous trouverez tous les conseils et toutes les indications utiles avant et pendant votre séjour. Consultez, à l'intérieur de la page de couverture le sommaire des *Informations pratiques*, qui commencent à la page 108.

- *Le pays et ses habitants*, à la page 6, décrit une ambiance et vous donne une idée générale sur la Thaïlande. Pour en savoir plus, parcourez la section *Un peu d'histoire*, qui débute à la page 14.

- Tous les sites et monuments à découvrir sont décrits entre les pages 21 et 83. Les sites à voir absolument, choisis selon nos propres critères, vous sont signalés par le petit symbole Berlitz.

- Les distractions, la vie nocturne et les autres loisirs vous sont présentés de la page 83 à la page 95, puis vous découvrirez les plaisirs de la table thaïlandaise (pp. 96–103).

- Un index, enfin (pp. 127–128), vous permettra de repérer tout ce que vous recherchez.

Bien que l'exactitude des informations présentées dans ce guide ait été soigneusement vérifiée, elle n'en est pas moins subordonnée à des fluctuations temporelles. Aussi ne saurions-nous assumer de responsabilité pour des modifications de faits, de prix, d'adresses ou de situations générales, toutes sujettes à variations. Nos guides étant régulièrement remis à jour, nous examinons volontiers toutes les remarques dont nos lecteurs voudraient bien nous faire part.

Texte établi par: Ken Bernstein
Adaptation française: Annick Pélissier
Photographie: Eric Jaquier
Maquette: Doris Haldemann
Nous remercions tout particulièrement l'Office du Tourisme thaïlandais de son assistance dans la préparation de ce guide. Notre gratitude s'adresse aussi à Tui Polasit et à Claude Jotikasthira pour leur précieuse collaboration. Merci enfin à Marie-Paule Allen et à Pierre-André Dufaux de leur aide.

4 Cartographie: ⓕ Falk-Verlag, Hambourg.

Table des matières

Le pays
et ses habitants

Avec son décor tropical enchanteur, ses temples étincelants et sa population magnifique et facile à vivre, la Thaïlande répond aux aspirations les plus variées en matière d'esthétique ou d'originalité, d'exotisme ou d'érotisme. Il y a tant à voir et à faire que vous aurez tout juste le temps d'aller vous baigner.

Les eaux émeraude et le sable blanc attirent pourtant la foule des amoureux du soleil alors que tant de pays lointains sont recouverts de neige. Mais les plages embaumées, ourlées de cocotiers, ne forment qu'une enveloppe éclatante autour des présents merveilleux que propose ce pays: palais historiques, marchés grouillants de monde, sites archéologiques, villages sur pilotis, jungle et forêts où les éléphants gagnent leur vie en travaillant.

La Thaïlande, légèrement plus petite que la France, mais plus grande que l'Espagne, est suffisamment vaste pour présenter tous les paysages imaginables – à l'exception, toutefois, de montagnes couronnées de neige. Pourtant, le sommet le plus élevé, près de Chiang Mai, dans le Nord, atteint l'altitude respectable de 2576 m. La plaine centrale autour de Bangkok – le pays des rivières, des canaux et des rizières – est aussi plate et verte qu'une table de billard. La riziculture occupe plus de 70% de la population.

C'est entre novembre et février que le climat tropical de

la Thaïlande, communément dénommé «climat de mousson», est le plus agréable. C'est en effet l'époque où des vents secs et relativement frais arrivent de Chine pour tempérer la chaleur torride de Bangkok. Dans les montagnes du Nord, vous aurez peut-être besoin d'enfiler un chandail après le coucher du soleil. De mai à octobre, la mousson du sud-ouest amène des pluies torrentielles.

D'après un recensement récent, la population de la Thaï-

Sur l'esplanade Pramane, humains et reptiles sont sous le charme.

lande est légèrement supérieure à 51 millions d'habitants, dont un dixième environ est concentré à Bangkok, capitale politique et commerciale et seule grande ville dans ce pays de petites cités et de villages agréables... «Agréable», voilà bien un qualificatif qui ne convient guère à Bangkok où règnent le bruit, la pollution et des embouteillages effrayants. Néanmoins, la ville n'est pas dépourvue de charme. On peut échapper à la chaleur écrasante en prenant une de ces pirogues «à longue queue» qui glissent au fil des canaux et serpentent entre des convois de troncs de teck et des chalands remplis de riz descendant le Ménam (ou Chao Phya).

Plus de 90% des Thaïlandais sont bouddhistes. La religion et la philosophie bouddhistes imprègnent la vie nationale. Même dans une ville évoluée et affairée comme Bangkok, les femmes apparaissent sur le pas de leur porte peu après l'aube pour offrir du riz aux bonzes en robe couleur safran. De plus, le calendrier, ici, commence en l'an 543 av. J.-C., début de l'ère bouddhique.

Le bouddhisme est tolérant vis-à-vis des autres religions. Les missionnaires ont, traditionnellement, apporté les idées et le savoir de l'Occident. Si l'hindouisme cohabite avec le bouddhisme, ce n'est pas seulement dans la colonie indienne; les brahmanes célèbrent encore aujourd'hui des cérémonies

Quand on vit au bord de l'eau, la rivière – ici, la Mae Kok – sert de route, de baignoire, de vivier.

royales. Le bouddhisme est aussi imprégné d'animisme : témoin ces petits oratoires près des maisons, des hôtels et des grands magasins, où l'on dépose de la nourriture et des fleurs pour apaiser les esprits des lieux.

Plusieurs millions de Chinois, pour la plupart bouddhistes, vivent en Thaïlande où ils se sont bien assimilés. Il existe aussi une communauté musulmane, d'environ un million de personnes, qui vit essentiellement dans le Sud et qui a conservé ses coutumes et l'usage de la langue malaise. Dans le Nord, les tribus montagnardes forment des sociétés à demi-primitives, et elles ont choisi de rester en marge de la vie nationale.

Les Thaïlandais, avec leur visage aux pommettes saillantes, sont en général remarquables par leur grâce et leur beauté. Ils prennent la vie avec un flegme et avec un détachement amusé qui les poussent autant que possible à éviter les conflits. «Thaïlande» signifie «pays des hommes libres», et la liberté individuelle a ici une grande valeur. Contrairement

L'exubérante grandeur émanant du Wat Arun, ou temple de l'Aube, à Bangkok, a de quoi vous surprendre.

au reste de l'Asie du Sud-Est, ce pays n'a jamais été colonisé par une puissance européenne et, de ce fait, l'attitude de la population ne dénote aucun ressentiment historique à l'endroit des étrangers. Les Thaïs sont fiers de leur passé et de leur royauté. La monarchie constitutionnelle joue un rôle véritable en tant que facteur de ralliement et d'unification.

Pour voir le pays, il faut s'échapper de la capitale et partir à la découverte de la province, où le rythme de vie est détendu et où les *farangs* (étrangers) suscitent encore des sourires aimables – ou même des regards ébahis.

Le Nord vous révélera ses paysages de montagnes, les modes de vie et l'artisanat de ses tribus, et une profusion de fruits et de fleurs (parmi lesquelles le pavot du tristement célèbre Triangle d'or). Et le Nord-Est, lui, recèle des ruines khmères, des réserves de tigres et de cerfs, et le plus gros figuier banian qu'aient jamais hanté les esprits. Quant au Sud, il vous réserve de merveilleuses plages et des promenades en bateau autour d'îles irréelles. Plus près de Bangkok, vous pourrez passer aussi bien une journée que des semaines parmi les merveilles archéologiques des palais et des pagodes qui vous dévoileront un millénaire d'histoire et d'art.

Toute énumération des charmes et des plaisirs de la Thaïlande doit inclure la vie nocturne de Bangkok qui, par sa bonne humeur et sa décontraction, s'est acquis un renom mondial. Tout est possible là-bas, dit-on ; en réalité, les bars et les établissements similaires ferment en toute décence à minuit (un peu plus tard le vendredi et le samedi). Folklore et sport s'allient dans la boxe thaïlandaise, combat rituel qui utilise, outre les poings, les coudes, les genoux et les pieds nus. Les emplettes constituent aussi, par ailleurs, une expérience excitante, que ce soit sur les marchés flottants, dans les grands bazars ou les boutiques climatisées. La nourriture locale, hautement imaginative, offre de surprenants mélanges de saveurs. Les Thaïs adorent les plats pimentés, mais les chefs ont pitié des étrangers délicats.

Malgré toutes leurs qualités, les Thaïs rendent souvent perplexe le visiteur habitué aux notions occidentales de ponctualité et d'efficacité. Ils refusent de se laisser obséder par la productivité et le respect des délais, et ne travaillent dur que si leur métier est intéressant ou, mieux encore, distrayant. Ils adorent les jeux d'argent :

loterie, courses de chevaux, combats de coqs ou de poissons et corridas de leur cru. S'ils ne connaissent pas de système de castes, un sens aigu de la hiérarchie sociale influence les relations humaines.

Peut-être serez-vous troublé par le changement soudain de climat et de civilisation. Peut-être le pays tout entier vous paraîtra-t-il dissimulé par un rideau impénétrable. Mais si mystère veut dire évasion, alors la Thaïlande est un lieu de vacances idéal...

Entre deux séances de méditation, le temps d'une promenade monacale.

Un peu d'histoire

La Thaïlande était déjà peuplée il y a des milliers d'années, mais pas par les Thaïs. Ceux-ci arrivèrent du Sud de la Chine assez tard, probablement aux XIᵉ et XIIᵉ siècles. On récrit encore l'histoire de ce pays. Aujourd'hui, des savants se penchent sur les vestiges archéologiques découverts récemment dans le Nord-Est: les plus importants se trouvent au village de Ban Chiang. Ces trouvailles semblent démontrer qu'il existait des communautés sédentaires à l'âge du bronze, il y a plus de 5000 ans.

On ne sait ce qui arriva aux hommes de la préhistoire. Quant aux Thaïs, leur histoire ancienne est obscure pour diverses raisons. Ils formaient une population nomade; les affaires spirituelles – et la simple question de leur survie – avaient plus d'importance que la compilation d'annales; quoi qu'il en soit, les documents qui pouvaient subsister furent détruits au XVIIIᵉ siècle par des envahisseurs vindicatifs.

Le premier roi thaï notable, Mengrai le Grand, forgea une société prospère et avancée au nord de la Thaïlande actuelle. Il fonda les villes de Chiang Rai et Chiang Mai à la fin du XIIIᵉ siècle. Les temples qui ont survécu montrent la place importante qu'occupait le bouddhisme alors.

Mengrai était encore au pouvoir, à 80 ans, lorsqu'il fut frappé par la foudre...

Sukhothai à l'heure du crépuscule: le triomphe d'une gloire déchue.

14

le commerce de l'argent et de l'or le fasse.»

A son apogée sous le règne du roi Ramkamhaeng, Sukhothai, après la mort de ce dernier, commença à décliner. Au XVe siècle, ce n'était plus qu'une modeste ville de province, laissée peu après à l'abandon.

Ayutthaya

Sukhothai fut éclipsée par le royaume d'Ayutthaya qui correspond à une nouvelle grande époque de l'histoire thaïe. Fondé vers 1350, ce royaume – connu par la suite sous le nom de Siam – s'étendit peu à peu à certaines régions des actuels Laos, Birmanie, Kampuchea (Cambodge) et Malaisie. Il élargit aussi ses frontières culturelles en établissant des contacts, tant économiques qu'intellectuels, avec le reste du monde. Les relations diplomatiques avec le Portugal, nouées au XVIe siècle, valurent aux Siamois (qui utilisaient uniquement jusque-là une «cavalerie» composée d'éléphants) de recevoir des armes à feu de l'Occident. Ce matériel militaire et l'instauration de nouvelles tactiques permirent au royaume de défaire ses rivaux.

Bouddha débonnaire à Ayutthaya.

Les étrangers qui arrivaient à Ayutthaya au XVIIe siècle étaient étonnés par les dimensions et l'opulence de la capitale siamoise. Avec une population de 300 000, voire d'un million d'habitants, elle était plus importante que la plupart des capitales européennes d'alors.

L'influence de l'Europe connut son apogée sous le règne de Narai (1657–1688), qui accueillit des diplomates, des marchands et des missionnaires occidentaux. Il fit même d'un Grec, Constantin Phaulkon, son ministre du Commerce extérieur. L'influent personnage suscita d'implacables jalousies: à la mort du roi, il fut arrêté et exécuté.

Entre le XVe et le XVIIIe siècle, les Thaïs s'opposèrent aux Birmans d'innombrables escarmouches, batailles et guerres. La plus fatale de ces guerres prit fin au bout de quatre ans, en avril 1767, par la capture d'Ayutthaya par les Birmans. La capitale fut alors pillée, et les vainqueurs devaient chercher à effacer toute trace de la civilisation thaïe.

L'un des survivants de cette tragédie, le gouverneur de la province de Tak, put cependant rallier les dernières forces de l'armée thaïe pour contre-attaquer l'occupant... Il remporta une victoire tactique, mais Ayutthaya n'était déjà plus qu'une ville fantôme. Taksin, tel était son nom, fonda une nouvelle capitale à Thon Buri, en face de l'actuel Bangkok, sur l'autre rive du Ménam. Bien que son père fût chinois – et qui plus est un homme du peuple – Taksin fut couronné roi des Thaïs. En 1782, il fut détrôné et exécuté pour démence.

L'ère de Bangkok

Au malheureux Taksin succéda son grand et fidèle ami, le général Phya (ou Phra) Chakri, arrière-arrière-petit-fils de l'ambassadeur thaï à la cour de Louis XIV. Il fut couronné sous le nom de Rama Ier, en souvenir du héros de l'épopée nationale. C'est le fondateur de l'actuelle dynastie Chakri. Un de ses descendants, Bhumibol Adulyadej (ou Aduldej), règne aujourd'hui sous le nom de Rama IX.

Comme son palais de Thon Buri était enserré par deux monastères, Rama Ier décida de transférer sa résidence en des lieux plus spacieux – et militairement mieux défendables –, sur la rive gauche du fleuve. Bangkok devint ainsi la quatrième capitale du pays.

La biographie de son fils, Rama II; fournit des statisti-ques sur la polygamie à la cour, au XIXe siècle. Ce monarque eut 38 épouses qui lui donnèrent 73 enfants! Deux de ses fils lui succédèrent sur le trône du Siam: Rama III et Rama IV.

Le premier, qui régna de 1824 à 1851, rouvrit le pays aux influences occidentales, après plus d'un siècle de xénophobie. Son époque vit l'arrivée à Bangkok du premier diplomate des Etats-Unis, suivi de missionnaires américains; l'un d'entre eux apporta la première presse à caractères thaïs.

Le règne de Mongkut

L'œuvre de ce novateur que fut Mongkut (Rama IV) est encore évoquée avec fierté en Thaïlande. A l'étranger, on le connaît mieux par un film romancé, *Le Roi et Moi,* qui ne fut jamais diffusé en Thaïlande, car il fut jugé irrévérencieux pour la monarchie. Le livre original, dont l'auteur, Anna Leonowens, fut gouvernante à la cour du Siam, fait à peine allusion à la valeur intellectuelle de Mongkut. Ce dernier était pourtant plus instruit que les souverains européens: il connaissait sept langues dont l'anglais et le latin. C'est sous son règne que les gens du peuple furent autorisés pour la première fois à lever les yeux sur le roi du Siam. Mongkut envoya des diplomates en France et en Angleterre.

Le fils de Mongkut, Chulalongkorn (Rama V), fut l'initiateur de réformes plus radicales. Il abolit l'esclavage et créa des écoles, un musée, une bibliothèque nationale et le premier service postal du Siam. Au propre comme au figuré, il fit entrer son pays dans le XXe siècle. Il mourut en 1910 après un règne long et fructueux.

Les guerres mondiales

L'isolement géographique et culturel du Siam par rapport à l'Europe prit fin brutalement en 1917. Pendant la Première Guerre mondiale, Vajiravudh (Rama VI) envoya en effet des troupes en France pour combattre aux côtés des Alliés. Et après la guerre, le Siam adhéra à la Société des Nations.

Les Thaïlandais doivent, entre autres, à Rama VI d'avoir des patronymes. Avant la Première Guerre mondiale, en effet, les noms de famille n'existaient pas: ce roi décréta que chacun devrait en porter un. De nos jours, on appelle encore les Thaïs par leur prénom, et leur patronyme ne sert qu'en certaines circonstances plus ou moins officielles.

Le Siam s'ouvrit à un monde nouveau en 1932 lorsque la monarchie constitutionnelle fut imposée. Le roi Rama VII, dernier des monarques absolus, accepta une nouvelle constitution qui limitait ses pouvoirs. Trois ans plus tard, cependant, il dut abdiquer à la suite d'une série d'intrigues, de révoltes et de coups d'État.

Pour tenter de regagner le territoire qu'elles avaient dû concéder à la France en Indochine, les autorités du Siam (désormais appelé Thaïlande) signèrent un pacte d'amitié avec le Japon en 1940. L'année suivante, les troupes japonaises débarquaient cependant en Thaïlande. Peu après, le pays, qui avait abandonné tout espoir de résistance, s'engageait dans la Seconde Guerre mondiale aux côtés des puissances de l'Axe. A l'intérieur, les sentiments étaient terriblement partagés. Bien qu'elle figurât au rang des vaincus, la Thaïlande fut par la suite autorisée à siéger à l'Organisation des Nations unies.

Au cours de l'après-guerre, la politique extérieure de la Thaïlande est passée d'un anticommunisme forcené, issu de son alliance avec les Américains en Indochine, à une neutralité résolue. A l'intérieur, des expériences de démocratie ont alterné avec des dictatures militaires, les coups d'Etat se sont **19** succédé à un rythme accéléré, tandis que révoltes estudiantines et insurrections entraînaient leur cortège de répressions et de réformes. Aussi, rares sont aujourd'hui ceux qui se hasarderaient à prédire la voie qu'empruntera la Thaïlande. Du moins aussi longtemps que l'Asie du Sud-Est continuera à être une poudrière.

Bangkok d'hier et d'aujourd'hui. Le marchand des rues avec ses paniers coexiste avec les gloires locales (et éphémères) de l'empire «disco».

Où aller

Bangkok

Pleine de charme, la capitale ne l'est guère, pourtant, aux yeux de l'amateur de promenades tranquilles. Les longues distances et la chaleur en font une des villes les moins agréables à parcourir à pied. Les trottoirs étant chroniquement éventrés, le seul souvenir rapporté d'une balade risque fort d'être... une entorse à la cheville!

Le moyen raisonnable de découvrir Bangkok est de suivre un circuit organisé en autocar ou en voiture climatisés. Les agences de voyages proposent plusieurs programmes, à la journée ou à la demi-journée. Une fois que vous serez familiarisé avec la disposition des lieux, vous continuerez seul votre exploration en taxi ou en bus. La marche est réservée aux audacieux...

Le cœur de Bangkok

En 1782, Rama Ier, pour des raisons de sécurité, établit sa capitale dans un méandre du Ménam (appelé aussi Chao Phya ou Phraya). Protégé à l'ouest par le fleuve et à l'est par un fossé, il n'avait plus à craindre d'attaques inopinées et put se consacrer à la construction de palais et de temples

sur le site qu'occupait jusque-là un modeste village de pêcheurs et de marchands. Le nom de la nouvelle capitale était Krungthep, ce qui signifie «cité des anges». Les Thaïs l'appellent toujours ainsi, mais pour les étrangers, elle se dénomme Bangkok.

La capitale de Rama Ier, qui ne constituait qu'une frange de l'actuelle métropole, est l'endroit idéal pour découvrir l'art, **21** l'architecture, la religion et le tempérament du peuple thaï.

Il est bon de commencer la visite par le **Grand Palais** (Grand Palace), fabuleuse cité dans la cité: somptueuses flèches, portes gardées par des «monstres» orientaux, salles de banquets, cloîtres, moines se reposant sous des figuiers banians... en un mot, tout le Siam. Les nombreux bâtiments royaux, religieux et administratifs sont enserrés par une muraille crénelée, blanchie à la chaux, de près de 2 kilomètres

Bangkok, flèches du Grand Palais. Gros plan sur un génie pétrifié.

de long. On y pénètre par la porte Vised Chaisri, sur le côté nord, en face de l'esplanade Pramane. L'entrée est libre le week-end, mais le public n'est alors pas autorisé à accéder aux édifices. (Une tenue correcte est requise.)

Les quatre premiers rois de la dynastie Chakri vécurent tout leur règne à l'intérieur de cette enceinte. Chacun y ajouta de nouveaux bâtiments qui témoignent de l'évolution des styles, depuis les toits de tuile en pente raide dans le goût thaï traditionnel jusqu'aux éléments de type néo-classique européen.

Un couple de lions féroces – sculptures chinoises en pierre

– gardent la porte conduisant à la **salle des Audiences** de **Dusit Maha Prasad.** Le palais, de style thaï classique, est construit en forme de croix latine. Ses toits, qui se composent de quatre gradins, sont coiffés d'une flèche dorée élancée. Juste à côté, se dresse un magnifique petit **pavillon** que les membres de la famille royale utilisaient comme salon d'habillage lors des cérémonies.

Au milieu de cette architecture typique, se détache un étonnant palais, hybride et insolite. Il s'agit de la **salle du Trône** du Chakri Maha Prasad, que fit construire en 1876 le xénophile Rama V, soucieux d'allier les architectures asiatique et occidentale. La «résidence Chakri» évoquerait quelque parlement européen, si elle n'était coiffée de toits et de tours de style thaï; jardins soignés et réverbères à l'occidentale complètent l'ensemble. Au bord de la place se trouve un autre pavillon royal, un ancien salon d'habillage, qui est doté de plates-formes d'où le roi pouvait monter sur son éléphant ou sur son palanquin. La **salle des Audiences de l'Ama-**

Une danse rituelle au sanctuaire du Lakmuang. En sortant, vous goûterez les nourritures terrestres.

rindra, plus au nord, est décorée avec une splendeur inouïe. L'Amarindra est toujours utilisé à l'occasion des cérémonies royales.

Parmi cet étalage de richesses, il faut noter un bâtiment situé un peu à l'écart et modestement appelé musée de la Monnaie. A l'intérieur de deux réduits évoquant une prison, sont exposés, en des cages de verre, les bijoux de la Couronne, des épées en or et des services à thé, également en or.

Voilà pour les édifices civils. Le **Wat Phra Keo,** le sanctuaire royal du Grand Palais, renferme une des sculptures les plus vénérées de Thaïlande : le

Bouddha d'émeraude (en jaspe, en réalité). De saisissants jeux de lumière en accentuent l'aspect redoutable. La statue, enchâssée dans un autel doré surélevé, ne mesure que 65 cm. de haut, environ. Il est interdit de prendre des photos dans le temple. (On se déchausse à l'entrée.)

En face de cet ensemble royal, de l'autre côté de la route, se dresse un petit édifice en forme de temple qu'il est facile de manquer. Il abrite le **Lakmuang** ou première pierre de Bangkok, que Rama Ier aurait posée à cet endroit. Les autochtones, qui attribuent un grand pouvoir aux esprits des lieux, entourent la colonne de fleurs, de cierges et de bâtons d'encens. En reconnaissance des bienfaits accordés, les croyants engagent des danseuses thaïes (toujours à portée de voix) pour accomplir les gestes rituels. Alentour, on trouve des marchands de nourriture, d'amulettes et de billets de loterie. A l'extérieur, des enfants proposent des oiseaux aux passants – il s'agit non de les emporter chez soi, mais de les libérer en signe de piété...

L'esplanade Pramane, également appelée Sanam Luang, est un immense espace où se déroulent les funérailles royales. C'est aussi là que se tenait,

La variété des marchandises semble infinie dans les marchés thaïs. Déambuler entre les éventaires aux couleurs et aux effluves ensorcellants vaut le déplacement, quel qu'il soit ! Comme dans l'une de nos

foires du Moyen Age, vous y dénicherez des poulets et des canards vivants, un choix inimaginable de piments et d'ails, des chaussures, des épées d'apparat, des jeans, des pièges à souris, des souris blanches (mais aussi roses, vertes ou jaunes), des chiots au poil pelucheux et même... des chats siamois, plus rares ici qu'en Europe.

Esplanade Pramane: une escadrille de cerfs-volants multicolores attend de prendre l'air pour un prochain combat. Laissez-vous donc tenter!

chaque week-end, un fascinant marché. Déplacé, celui-ci se perpétue pourtant au Chatuchak Park (voir p. 88).

Du côté ouest de l'esplanade Pramane, vous remarquerez une longue enfilade de bâtiments officiels. D'un grand intérêt architectural, culturel et historique, ils abritent deux universités, un temple, la Bibliothèque nationale, un musée et un théâtre. Le **Musée national** (National Museum), qui est peut-être le plus grand de l'Asie du Sud-Est, occupe un palais du XVIIIe siècle et d'autres édifices plus récents. Vous y êtes convié à découvrir un passionnant panorama de l'art thaï, de la préhistoire à l'époque contemporaine : sculptures, tissus, bijoux, armes, trônes y sont exposés. (Pour tout détail, voir p. 40.)

Six grands wats
Bangkok compte des dizaines de wats (ou *vats*). A l'intention du visiteur pressé, nous nous bornerons à en décrire six parmi les plus remarquables.

Le monument le plus célèbre de la capitale, le **Wat Arun** (temple de l'Aube) est situé en fait à Thon Buri, sur la rive opposée du Ménam (Chao Phya); la traversée en bac ne dure qu'une ou deux minutes. Les photographes ne pourront

résister à la tentation de fixer à jamais la tour centrale, sorte de pyramide à degrés étirée, plus élevée qu'un gratte-ciel de 20 étages. Quatre autres tours semblables, mais plus petites, entourent le *prang* central. Toutes sont faites de brique recouverte de stuc tout incrusté de fragments de céramique.

Le **Wat Pho** (ou Wat Po), le plus ancien monastère de Bangkok, fondé au XVIe siècle alors que la capitale n'était encore qu'un village, doit sa célébrité au prodigieux **Bouddha couché** doré qu'il abrite. Haute de près de 15 m. et longue de 46 m., cette sculpture touche presque le toit du temple; en fait, l'édifice fut construit autour de la statue. Le Wat Pho, qui héberge quelques centaines de moines, est aussi le plus vaste monastère de Bangkok; il renferme de nombreuses œuvres d'art admirables.

Une «enceinte dans l'enceinte» protège le monastère de **Wat Suthat,** sur la place de la Balançoire géante – un grand portique en teck peint en rouge vif. Dans l'élégant *viharn,* vous pourrez contempler un immense et magnifique bouddha

Il se passe toujours quelque chose au Wat Pho. Et c'est un cadre rêvé pour un match de boxe thaïlandaise!

assis. A l'extérieur, les quatre coins de l'édifice sont ornés de gracieux chevaux de bronze.

Le **Wat Saket,** mieux connu sous le nom de Montagne d'or, est remarquablement situé au sommet de la seule colline de Bangkok – artificielle, d'ailleurs. Le temple est surmonté d'un grand *chedi* doré. Des escaliers en spirale gravissent les flancs consolidés de la colline et débouchent sur une esplanade commandant un large panorama.

A mi-chemin entre l'Assemblée nationale et le champ de courses royal se trouve le **Wat Benchamabophit** ou **Temple de marbre,** véritable havre de paix. Ce chef-d'œuvre d'élégance fut construit en 1899 sur l'initiative

Ci-dessous: Le Wat Pho est le repaire des enfants sages. A droite: Le fameux Bouddha d'or du Wat Trimitr, sept ou huit fois centenaire.

Le wat

Il existe un vocabulaire spécifique pour décrire les milliers de *wats* – monastères ou ensembles de temples bouddhiques – que possède la Thaïlande. Voici une courte liste des termes d'architecture les plus courants:

Bot: temple où se déroulent des cérémonies religieuses.

Chedi: dôme en forme de cloche qui renferme souvent des reliques sacrées.

Prang: colonne au faîte arrondi, dressée à la manière d'un index.

Stupa: tour ou pagode, souvent lieu de sépulture.

Viharn ou *wihan:* salle de prédication ou de culte.

de Rama V, ce roi réformiste, ce grand voyageur, qui encouragea les arts en Thaïlande. Les lignes gracieuses du temple sont mises en valeur par le marbre de Carrare blanc, spécialement importé d'Italie. Des tuiles chinoises dorées recouvrent les toits savamment imbriqués. Deux énormes lions en marbre gardent l'entrée du *bot*. Arbres en fleur, bassins semés de lotus et pelouses bien entretenues ajoutent au charme et à la fraîcheur du cadre.

Le célèbre **Bouddha d'or** se trouve dans une salle affectée aux cérémonies, située à gauche du temple principal du **Wat**

Traimit (ou Wat Traimitr), en bordure de la ville chinoise. L'or éclatant du Bouddha assis réfléchit la lumière des projecteurs installés à l'intention des photographes. En 1953, alors qu'une grue déplaçait un bouddha, assez banal mais pesant, le crochet se brisa. Le stuc, en se craquelant, laissa apparaître une statue d'or de 5 tonnes et demie. Cet enrobage avait certainement permis au bouddha d'échapper aux convoitises birmanes...

31

Bangkok au fil de l'eau

La visite du **Marché flottant** (Floating Market), le circuit touristique le plus populaire de Bangkok, vous fera parcourir les principaux *klongs* (canaux) situés à l'ouest de la ville. L'excursion commence le matin de bonne heure pour vous permettre d'assister à la tournée des vendeurs, manœuvrant le long des maisons avec leurs embarcations, remplies chacune d'une marchandise particulière : fruits, légumes ou encore articles de ménage. Lorsque les habitants de Thon Buri eurent compris l'intérêt que les *farangs* portaient à leur mode de vie, il était trop tard pour éviter la commercialisation du «spectacle». Cependant, la visite du marché reste un moyen rapide de découvrir toute cette population qui vit sur l'eau.

L'excursion du matin comprend aussi une promenade sur le Ménam et une visite aux **barques royales** dans leur hangar du *klong* Bangkok Noi. Toutes ces embarcations d'apparat semblent sorties d'un rêve – vaisseaux d'un autre monde, plats et longs, décorés de motifs élaborés rouge et or et de proues pleines de fantaisie. Le bateau personnel du souverain est manœuvré par 50 rameurs.

Vous pourrez également visiter les canaux par vos propres moyens en utilisant les navettes assurées par les *hang yao*. Ces embarcations de 9 mètres, étroites et de faible tirant d'eau, propulsées par des moteurs de camion bruyants, possèdent une hélice à l'extrémité d'un arbre allongé et pivotant, d'où leur nom de pirogues «à longue queue».

Sur les canaux moins fréquentés que l'on atteint seulement avec ces bateaux, on se rend compte combien la vie de Bangkok gravite encore autour des voies d'eau : voyez ces maisons sur pilotis, vétustes et surpeuplées, qui voisinent avec de somptueuses demeures modernes, ornées de jardins et fontaines ; ces usines et ces chantiers navals ; ces marchés aux légumes et ces «snack-bars flottants». Voyez ici ces timides jeunes filles qui se baignent dans une eau boueuse et là, ces écoliers en uniforme qui attendent leur bateau.

La façon la plus économique de se faire une idée de la vie sur le fleuve est de prendre un bus fluvial, appelé «bateau baht», quoique le billet coûte aujourd'hui plusieurs baht. Ces bateaux, rapides mais

Les canaux, à l'approche du Marché flottant, sont aussi engorgés.

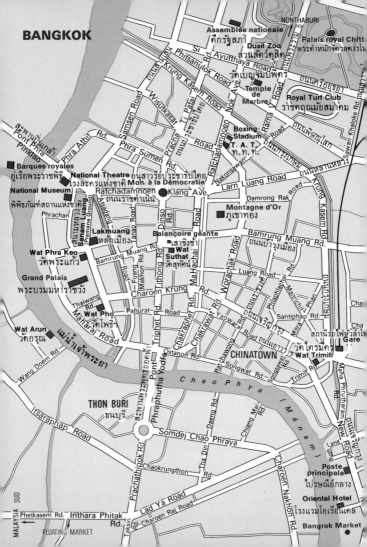

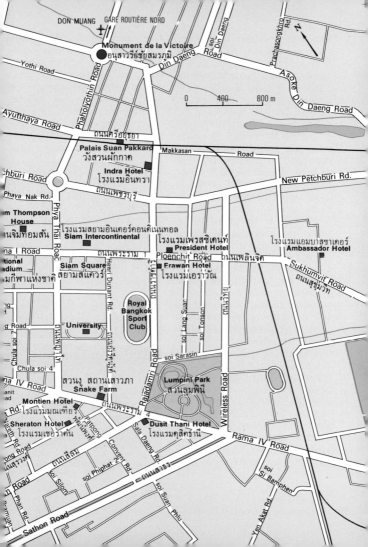

bruyants, mettent une heure pour se rendre de l'embarcadère de l'Hôtel Oriental au terminus, situé à Nonthaburi, au nord de la ville. Le spectacle change au fil de l'eau: peu à peu, les hangars bondés et les bâtiments administratifs cèdent la place à de vieilles baraques entourées de palétuviers et de cocotiers. Et l'embarcation se fraie un chemin entre des chalands débordants de noix de coco, des pétroliers, des torpilleurs, des bateaux-taxis, des *houseboats* et des péniches. La visite des «coulisses» de Bangkok est très instructive!

Parmi les autres circuits touristiques au fil de l'eau proposés par les agences de voyages, mentionnons la tournée des canaux au coucher du soleil à bord d'une ancienne péniche à riz spécialement aménagée, un dîner-croisière sur une luxueuse embarcation et des promenades en amont jusqu'à Bang Pa-in, sur l'*Oriental Queen* climatisé. Une autre grande excursion commence par une promenade de deux heures de Bangkok à Damnoen Saduak, dont le marché flottant a conservé l'essentiel de son authenticité (voir p. 43).

Les «centres» de Bangkok

Bangkok est une cité horizontale. Malgré quelques modestes gratte-ciel (sans parler des tours des temples), la capitale est aussi plate que les rizières qu'elle a remplacées: on y voit des constructions basses sur des kilomètres. Et l'agglomération est si «éclatée» qu'elle

Le mariage du «septième art» et du chromo, dans les rues de Bangkok.

36

ne possède pas de centre-ville proprement dit ni même de quartier principal. En fait, plusieurs quartiers, quand bien même ils sont disséminés, méritent une visite.

Entre l'édifice néo-classique de l'Assemblée nationale et le monument à la Démocratie, court une large avenue om-bragée, la **Ratchadamnoen Nok**. Ces Champs-Elysées de Bang-kok sont bordés de bâtiments administratifs, souvent coiffés des traditionnels toits étagés. Pour les touristes, cette avenue présente deux centres d'intérêt: le stade de boxe Ratchadam-noen et, à côté, le siège de l'Office du Tourisme thaïlan-

dais (Tourism Authority of Thailand ou T.A.T.). Vous pourrez y trouver des cartes et des brochures, obtenir des renseignements et réserver une chambre dans n'importe quel hôtel géré par cette organisation.

Un des centres commerçants les plus originaux de Bangkok se trouve dans le quartier de **New Road** (appelée également Charoen Krung Road), près de la Poste centrale. On y voit nombre de boutiques de souvenirs et d'échoppes de tailleurs assurant un service ultra-rapide. Entre la rue et le fleuve se tiennent plusieurs ambassades et le centenaire Hôtel Oriental où séjournèrent des célébrités littéraires comme Joseph Conrad, Rudyard Kipling et Somerset Maugham. A quelques rues de là, au sud, s'étend le marché de Bangrak, animé et divertissant, regorgeant toujours de poissons, de fleurs et de fruits.

Dans la **ville chinoise** (Chinatown), située à mi-chemin environ entre le quartier de New Road et l'esplanade Pramane, chaque devanture suscite de nouvelles surprises: vin de serpent ou pendentifs en or, dragons en papier ou billets de loterie. Ce quartier est très étendu, mais le carrefour principal est l'intersection des rues Yaowarat et Ratchawong. Les boutiques les plus intéressantes se situent dans les ruelles comprises entre Yaowarat Road et le fleuve.

Plusieurs centres d'intérêt, dignes d'une visite, sont localisés dans Rama I Road. Cette artère change par deux fois de nom: vers l'est, elle prend le nom de Ploenchit Road, puis, sur un plus long tronçon, celui de Sukhumvit.

Le quartier de **Siam Square** aligne restaurants, cinémas, boutiques. Vous y verrez aussi le Centre Siam, vaste complexe de bureaux et de locaux commerciaux.

Au grand carrefour suivant, près de l'Hôtel Erawan, vous serez peut-être décontenancé de voir non seulement les passagers des autobus mais aussi la plupart des conducteurs lever les mains, esquissant le geste du *wai*. Ils ne rendent pas hommage à quelque célébrité résidant dans cet hôtel géré par l'Etat, mais à **l'oratoire d'Erawan,** qui renferme la statue dorée d'un dieu hindou.

Plus à l'est, de l'autre côté de la voie ferrée qui conduit à Chiang Mai, la rue prend le nom de **Sukhumvit Road.** C'est là

38

Qui chantera les souffrances et les joies des portefaix du Ménam?

que commence un quartier mi-résidentiel, mi-commerçant, où les possibilités de se divertir sont nombreuses.

Les numéros qui identifient les *soi,* les rues latérales, semblent aller jusqu'à l'infini avant qu'on parvienne à la limite de la ville et à la grand-route de Pattaya.

Un autre noyau urbain à ne pas manquer s'étend le long de deux rues parallèles, Silom et Suriwong. La flèche de l'Hôtel Dusit Thani en constitue le principal repère. L'intérêt financier et commercial de ce quartier est maintenant éclipsé par la notoriété de deux petites rues, **Patpong** I et II. De Munich

à Melbourne, ce nom de Patpong évoque l'image de bars et de salons de massage... thaïlandais. Ces rues appartiennent à l'industriel Patana Pongpanit, en abrégé Patpong. C'est un endroit qu'il faut avoir vu, sinon expérimenté, en tant que phénomène sociologique.

Les musées

Les trésors de la Thaïlande, exposés au **Musée national** (National Museum) ont de quoi confondre le visiteur par leur richesse et leur exotisme. Il serait en conséquence judicieux de s'y rendre à 9 h. 30 pour suivre une visite guidée gratuite: les commentaires ne seront peut-être pas superflus! (Votre hôtel vous dira le jour où elle a lieu en français.) La seconde solution consiste à acheter une notice explicative avec le plan des lieux dans le hall d'entrée. Le musée est fermé le lundi, le vendredi et les jours fériés; entrée gratuite le dimanche (voir également la rubrique HORAIRES dans les Informations pratiques).

Les œuvres d'art préhistoriques, qui comptent parmi les plus intéressantes de tout le musée, ont été découvertes à Ban Chiang, au nord-est de la Thaïlande. Vous admirerez des pots et des jarres décorés d'audacieuses volutes évoquant des empreintes digitales. Bien que ces poteries remontent probablement à 5000 ans, leurs motifs sont d'un modernisme surprenant.

L'art thaï est divisé en grandes périodes: la première correspond à l'époque Dvaravati (du VIe au XIe siècle), puis il y eut successivement, selon les déplacements du pouvoir politique, les styles de Sukhothai, d'Ayutthaya et enfin de Bangkok (la période artistique s'étendant de la fin du XVIIIe siècle à nos jours porte le nom de Ratanakosin).

Le musée renferme de nombreuses autres sections où sont exposés des objets insolites: canons anciens, machines à écrire thaïes du XIXe siècle, éléphant grandeur nature harnaché en guerre, joyaux, trônes, palanquins royaux. Vous pourrez également voir, dans un bâtiment annexe, les majestueux chars funéraires (en forme de bateau) de la famille royale.

Un autre musée, plus petit, le **palais Suan Pakkard** (ou Suan Pakkad), se compose d'un bel ensemble de maisons traditionnelles en bois, où une splendide collection d'objets d'art thaïs a été réunie. Un pélican bougon règne sur les pelouses. Au bas d'un jardin bien entretenu, vous remarquerez un édifice exquis, le Pavillon de laque, la seule maison de ce type qui aurait survécu au sac d'Ayutthaya, en 1767. Acquis en 1959, il fut reconstruit à l'emplacement actuel. Certains murs intérieurs sont recouverts de précieuses peintures en feuilles d'or sur laque noire, illustrant divers épisodes de la vie de Bouddha et du *Ramakien,* la légende nationale. Suan Pakkard («jardin des laitues») est ouvert tous les jours sauf le dimanche.

La **maison de Jim Thompson** (Jim Thompson's House), la splendide demeure d'un grand collectionneur, regorge d'œuvres d'art orientales, principalement thaïes, pour la plupart d'une valeur inestimable. Des visites guidées en français et en anglais fournissent des explications sur les remarquables sculptures, peintures et céramiques, ainsi que sur l'architecture composite de cette maison thaïe en teck, assemblée selon l'idée de son propriétaire.

(Thompson, un architecte américain passionné par l'Orient, ancien agent secret, s'installa vers 1945 à Bangkok, où il s'attacha à promouvoir l'industrie de la soie. Il disparut mystérieusement en 1967...). Ouvert du lundi au vendredi.

Si vous prévoyez ensuite de visiter la soierie, demandez à votre taxi d'attendre. Sinon, vous risquez de tomber entre les mains de rabatteurs qui dirigent les touristes vers des commerces souvent douteux.

Distractions
Bangkok vous réserve d'autres centres d'intérêt.

Siam Park. Ce parc d'attractions à l'occidentale dans la banlieue de Minburi propose toutes sortes d'amusements: toboggans aquatiques, piscine fantaisie, pseudo-village thaï... objets artisanaux.

La **Ferme aux serpents** (Snake Farm). Si elle fait naître quelques cauchemars, c'est pour une juste cause. La Croix-Rouge thaïlandaise fournit en effet du sérum antivenimeux à une grande partie du monde. Pour le fabriquer, cette organisation doit disposer d'une source constante de venin, ce qui explique la profusion des espèces vivant à la ferme. Cobras aux dessins fascinants, serpents corail aux rayures éclatantes, vipères tachetées et autres «tueurs» crachent chaque jour leur venin pour le bien de l'humanité – et l'édification des touristes. La Ferme aux serpents, située au croisement des rues Rama IV et Henri Dunant, est ouverte toute la semaine à l'exception des jours fériés. Le «spectacle» –

le prélèvement du venin – a lieu à 11 heures.

Au **zoo Dusit,** les éléphants réclament des bananes, les cerfs quémandent des ananas et les gros poissons du lac se régalent du pain et du pop-corn que leur jettent des âmes charitables. Si ce spectacle éveille chez vous les affres... de la faim, vous pourrez vous restaurer dans une des nombreuses buvettes en plein air prévues pour les humains. Mais il n'y a pas que les animaux et l'admirable «paysage» de la volière : le zoo est sans doute le meilleur endroit de Bangkok pour voir se divertir les enfants thaïs et leurs parents (ouvert tous les jours).

Excursions autour de Bangkok

Vers l'ouest

Toutes les agences de voyages organisent un circuit d'une demi-journée au **Jardin des roses** (Rose Garden), propriété privée située à 32 km. à l'ouest de Bangkok. Les roses n'occupent en fait qu'une modeste partie de cet éden tropical de 20 hectares. Tous les après-midi a lieu un spectacle culturel thaï qui offre une bonne initiation à la musique, à la danse et aux sports traditionnels. Une cérémonie de mariage y est même reproduite. Les «expos» arti-

sanales sont tout aussi captivantes : vous y verrez des femmes en train de confectionner ombrelles et poteries et de tisser la soie.

En Thaïlande, les temples et les pagodes s'intègrent autant au paysage que les châteaux en Espagne ou les moulins en Hollande. Mais la flèche dorée dominant **Nakhon Pathom** est visible à des kilomètres à la ronde. Le *chedi* du **Phra Pathom**, semblable à un bol renversé coiffé d'un cornet de glace, est considéré comme le plus grand monument boud-

Animaux au travail

Dans les immenses rizières de Thaïlande, le buffle fait partie du paysage comme la paysanne en tunique à longues manches et chapeau en abat-jour. Cette lourde bête tire l'araire avec ses millions de congénères dans les «terres à riz».

Dans les régions boisées du Nord, les éléphants sont dressés à tirer d'énormes troncs d'arbres. Si leur capacité est limitée sur le plan de la charge, leur pouvoir de traction est considérable.

Même les singes sont mis au travail. Au sud de la Thaïlande, dans une plantation de la péninsule, ils sont employés à grimper au sommet des cocotiers les plus hauts et à cueillir les noix.

dhique du pays. Sa flèche n'atteint-elle pas 120 mètres de hauteur ?

Au milieu du XIXᵉ siècle, le roi Mongkut fit construire ce *chedi* sur les ruines d'un ancien temple – vraisemblablement édifié 1200 ans plus tôt – où, comme moine, il s'était rendu en pèlerinage. L'endroit avait été abandonné à la jungle. Le fils de Mongkut, Rama V, reprit le projet en faisant installer l'énorme Bouddha d'or au sommet d'un saisissant escalier de marbre. La flèche fut érigée en 1870.

Nakhon Pathom, à 58 km. à l'ouest de Bangkok, possède un autre édifice de moindre importance, le palais Sanam Chan. Cet ensemble moderne reproduit le style thaï traditionnel, à l'exception d'un bâtiment d'architecture Tudor utilisé autrefois pour la représentation de pièces de Shakespeare.

Les deux heures de route pour atteindre les canaux de **Damnoen Saduak,** au sud-ouest de Bangkok, pourraient paraître fastidieuses s'il ne s'agissait que de découvrir un autre marché flottant. Mais le spectacle est plus authentique qu'à Bangkok. Les visiteurs – 1000 par jour – abandonnent leurs autocars et s'entassent dans de longues vedettes étroites qui **43** les emportent au fil de canaux pas encore dénaturés. D'ailleurs, l'endroit est une véritable Venise tropicale avec ses cocotiers et ses maisons sur pilotis. Et les piroguiers se pressent à l'intersection des grands canaux pour vendre leur chargement : pastèques et ananas odorants, petits oignons et épis de maïs. Quand les touristes débarquent pour avoir une vue générale de cet encombrement fluvial, des colporteurs souriants (mais parfois importuns) se mettent au travail et proposent souvenirs, vêtements et rafraîchissements.

Certaines excursions incluent aussi une visite chez des

montreurs de serpents. Il faut les voir, pieds nus, rivaliser d'adresse et de courage. Ils enferment également un cobra et une mangouste dans une cage pour illustrer le combat traditionnel entre ces ennemis héréditaires.

Le nom de **rivière Kwai** (ou Kwaï) suscite autant l'épou-vante que celui de Styx. Le roman de Pierre Boulle et le film qui en a été tiré racontent les souffrances des prisonniers de guerre qui bâtirent ce pont aujourd'hui célèbre. (Il y eut en fait trois ponts, confondus par une épopée qui a pris ses li-bertés.) Mais les cimetières militaires de **Kanchanaburi** (à 122 km. au nord-ouest de Bangkok) ne relèvent pas de la fiction: ils alignent plus de 8000 tombes de prisonniers et de soldats australiens, birmans, britanniques, canadiens, hol-landais, indiens, malais et néo-zélandais, qui périrent avec près de 60 000 civils pendant la construction du chemin de fer entre la Birmanie et le Siam.

Restauré après la guerre, le pont – à l'architecture parti-culièrement laide – est tou-jours utilisé deux fois par jour. Vous pourrez l'emprunter comme le font les autochtones; au cas, peu probable, où un train surviendrait, vous n'auriez qu'à vous réfugier sur une des plates-formes prévues à cet effet. Ceux que le rail passionne pourront difficile-ment résister à la tentation de parcourir la ligne. Et des ex-cursions sont prévues pour

Au pont sur la rivière Kwai, le train est loin, le soleil brille. **45**

ceux qui douteraient de leur capacité à déchiffrer un horaire thaï...

Un petit musée, dans l'atmosphère étouffante des bords de la Kwai, donne un aperçu de la vie quotidienne des bâtisseurs du «chemin de fer de la mort». Logé dans des huttes de bambou pareilles à celles des camps de prisonniers, ce musée illustre les atrocités commises par les Japonais, au moyen de photographies, de peintures et de divers souvenirs. Il montre aussi l'ingéniosité déployée par les prisonniers pour survivre à de terribles épreuves, ainsi que la sympathie et l'aide que leur apporta secrètement la population locale.

Au nord-ouest de Kanchanaburi, des hommes d'affaires pleins d'audace ont aménagé une base en plein milieu de la jungle pour les touristes désireux d'explorer les alentours. Un hôtel, au bord de la rivière, offre à ses clients le confort de la climatisation et une pis-

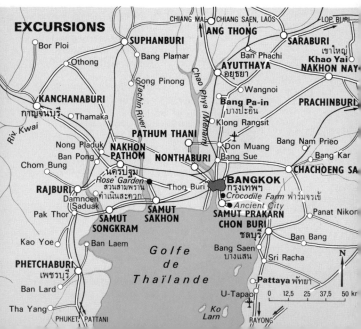

cine. Deux autres hôtels, un peu plus austères, sont installés sur des radeaux de bambou, sur la rivière. De ces camps avancés, on peut partir en excursion vers des grottes, des cascades et des villages indigènes.

Vers le nord

La résidence royale de **Bang Pa-in,** située à 60 km. environ au nord de Bangkok, était la maison de campagne des rois de Siam, à l'époque où leur capitale se trouvait à Ayutthaya, un peu plus en amont. Le siège et le sac de la cité par les Birmans en 1767 mirent fin à cette ère bucolique, mais le charme des étangs et des palais de Bang Pa-in est resté tout à fait intact.

On peut s'y rendre en train, en bateau ou en voiture. La plupart des touristes choisissent le confort et l'agrément de l'*Oriental Queen,* bateau de croisière rapide et climatisé qui fait le trajet tous les jours. Tout en remontant le Ménam (Chao Phya), il croise des trains de bois de flottage, des *houseboats,* et des péniches descendant vers les marchés; sur les rives, défilent des cocotiers et des bétels solitaires, des maisons sur pilotis, des temples et le monastère du Wat Pai Lom.

L'un des joyaux de Bang Pa-in est un pavillon thaï typique, comportant plusieurs étages de toits ornés de pointes et coiffés d'une flèche élancée, l'ensemble se reflétant dans le lac argenté qui l'entoure. Un autre pavillon, celui-ci de style chinois classique, abrite une foule de riches présents que la Chine remit aux rois de Thaïlande.

Les excursions organisées sur l'*Oriental Queen* se poursuivent en autocar jusqu'à la cité d'**Ayutthaya** (ou Ayuthia, à 86 km. au nord de Bangkok), où les souverains siamois résidèrent pendant quatre siècles de prospérité. Les moutons paissent de nos jours entre les ruines... Mais vous pourrez, du haut de l'escalier du *prang* de brique rouge, vous rendre compte de l'étendue de la vieille cité dévastée par des envahisseurs impitoyables, et tenter de recréer par l'imagination l'opulence d'une époque révolue. Ayutthaya est si riche d'édifices et de ruines remarquables qu'il est difficile de tout voir en un seul jour.

Les circuits s'ouvrent le plus souvent par la visite du **Viharn Phra Mongkol Borit,** construction moderne abritant un bouddha en bronze qui daterait de la fin du XVe siècle et serait le plus grand de Thaïlande. Dans cette partie de la vieille **47**

Ayutthaya, des ruines grandioses.
Ancient City, la voix des cloches.

ville, des marchands de souvenirs proposent des poteries chinoises et des faïences d'Ayutthaya – ou des fragments – remontant soi-disant à l'âge d'or de la cité. Nombre de ces objets viennent du fond du fleuve, où ils ont été recueillis par des plongeurs du cru.

Le **Wat Phra Ram** est un charmant édifice du XIVe siècle, entouré de bassins. Son cloître est bordé de bouddhas de pierre.

Pour avoir une vue d'ensemble de l'art d'Ayutthaya, il

faut visiter le **musée Chao Sam Phraya.** Vous y verrez des bouddhas en bronze d'une grande beauté, datant des XIIIe et XIVe siècles ; des panneaux de porte sculptés des XVIIe et XVIIIe, ornés de motifs religieux, traditionnels ou floraux, et une multitude de bijoux en or du XVe siècle.

De nombreux trésors – débauche de pierreries, d'or, de cristal – ont été découverts dans le *prang* du **Wat Mahathat.** Il est encore possible de distinguer la disposition des cours et galeries de cet édifice du XIVe, si délabré qu'il soit.

A proximité se trouve le **Wat Rachaburana,** construit au

XVe siècle autour des tombeaux des princes Ay et Yi, deux frères qui s'entre-tuèrent en un combat tragique à dos d'éléphant. Il reste de remarquables fresques dans la crypte.

Vous visiterez, à quelques kilomètres d'Ayutthaya, le **kraal** (ou corral) où, jadis l'on parquait les éléphants royaux pour les dompter.

Ayutthaya devait son invulnérabilité présumée à son site, occupant une île artificielle au confluent de trois rivières et d'un canal. En réalité, cela n'empêcha pas les envahisseurs birmans d'y pénétrer, mais le plan de la ville n'en demeure pas moins impressionnant.

Vers le sud-est

Si l'on veut avoir une idée des palais et sanctuaires d'Ayutthaya tels qu'ils se présentaient avant le sac de 1767, on ira à **Ancient City,** à 33 km. au sud-est de Bangkok. Cette «Ville ancienne» est considérée comme le plus vaste musée en plein air du monde. Alors que le Jardin des roses, à l'ouest de la capitale, présente un résumé de la vie thaïlandaise, Ancient City propose un échantillonnage de l'architecture locale. Dans un parc de 80 hectares dont la forme reproduit les contours de la Thaïlande sur les cartes, vous verrez une reconstitution, grandeur nature **49** ou en réduction, des principaux édifices du pays. Les monuments d'Ayutthaya ont été recomposés à partir de peintures, de sculptures, de documents et des ruines elles-mêmes.

Des agences de voyages organisent des excursions d'une demi-journée à Ancient City. Vous pourrez aussi vous y rendre par vos propres moyens. Le parc est ouvert tous les jours.

Encore une attraction: la **Ferme aux crocodiles** (Crocodile Farm, à 25 km. au sud-est de Bangkok, à Samut Prakarn), considérée comme la plus grande création de ce genre au monde. Selon le dernier recensement, elle abritait 50 000 sauriens venant des quatre coins de la terre. La «ferme» sert deux buts: préserver les espèces en voie de disparition tout en informant et en distrayant le public dans un zoo original. Sur le plan pratique, elle tire un assez bon profit de l'exportation de la viande et de la peau de crocodile. S'il est impossible de trouver sur place un sandwich au «croco», on peut en revanche acheter des sacs, des portefeuilles, des ceintures et même des bêtes naturalisées. Certaines agences de voyages de Bangkok organisent des visites d'une demi-journée à la ferme. Vous pourrez aussi y **50** aller en bus ou en taxi.

Pattaya

En découvrant la station balnéaire la plus connue et la plus courue du pays, vous risquez d'avoir le choc de votre vie! Après un trajet de deux heures, depuis Bangkok, dans une campagne plate et franchement peu attirante, vous voici tout à coup propulsé dans un tourbillon de joie et de soleil sur la côte merveilleuse du golfe de Thaïlande. Par quel mystère le monde a-t-il pu ignorer si longtemps les plaisirs de ces immenses plages bordées de cocotiers? Il y a 200 ans, le roi Taksin établit un camp provisoire dans le voisinage, mais ne s'intéressa pas vraiment au littoral. Pattaya, village de pêcheurs, ne connut aucun événement notable jusqu'en 1961, lorsque les premiers soldats américains au Viêt-nam y furent envoyés pour des périodes dites de «repos et de récréation». Les Thaïlandais comprirent vite les possibilités qu'offrait Pattaya qui devint *la* station internationale par excellence. Heureusement, les pêcheurs lui sont restés tout à fait fidèles.

La majorité des touristes arrivent de Bangkok par la route. Une demi-douzaine de compagnies assurent des services quotidiens en autocar de luxe. Les tarifs sont bon marché si l'on considère la distance (150 km.) et la fatigue que fait subir aux chauffeurs une circulation souvent laborieuse et toujours indisciplinée. De l'aéroport de Bangkok, on peut aussi emprunter le train jusqu'à Pattaya. Dernière possibilité: l'avion. Thai Airways a prévu des vols entre Bangkok et l'aéroport d'U-Tapao, près de Pattaya. Bientôt, des hydroptères desserviront Pattaya à partir de la capitale.

La station dispose de plus de 8000 chambres d'hôtels ou bungalows qui répondent aux normes hôtelières internationales. Des centaines d'autres, destinées aux budgets modestes, sont disponibles sur le littoral ou à quelques minutes du bord de mer; les hôtels ne comportent pas toujours tous les aménagements modernes.

On peut passer la journée entière sur la plage à somnoler sous un parasol en paille ou sous un cocotier, mais il est difficile d'ignorer l'activité autour de soi: enfants déambulant sur le sable à cheval ou à dos d'éléphant nain; marchands en quête de clients pour des *sarongs*, des perles, des hamacs, de la nourriture et des boissons; masseuses itinérantes qui se proposent de pincer et d'étirer vos muscles selon la méthode ancestrale; pique-ni-

queurs écoutant des rengaines exotiques.

Les sports nautiques sont tellement développés sur la plage principale de Pattaya que la mer, peu profonde, se couvre d'embarcations en tout genre. D'anciens chalutiers, retapés pour attirer le touriste, attendent un affréteur. Les baigneurs et les promeneurs en pédalo s'aventurent au large tout en gardant un œil sur les crépitants scooters nautiques. Les amateurs de planche à voile ont du mal à garder leur équilibre sur les vagues que font naître hors-bord et skieurs.

La démarcation entre sports de mer et sports de terre s'estompe avec le parachutisme ascensionnel – sport d'air et de mer extrêmement populaire qui commence et finit sur la plage. Une vedette propulse un courageux «fou volant» accroché à un parachute rouge et blanc attaché à un long câble.

Une autre activité sportive en plein développement, c'est la pêche en haute mer. Il n'était jamais venu à l'esprit des marins de Pattaya que la pêche pût être un divertissement. Aujourd'hui, les amateurs rapportent de magnifiques espadons et des perches de mer délicieuses. D'autres bateaux emmènent les passionnés de natation et de plongée en apnée **51** dans les eaux superbes et limpides des îles alentour. La plus grande, **Ko Larn,** se trouve à 45 min. de Pattaya en chalutier reconverti. (La durée du trajet est réduite de moitié en hors-bord.) Vous monterez dans un bateau à fond de verre pour observer le monde sous-marin et admirer une faune, poissons et coraux, bigarrée, menacée hélas aujourd'hui par une invisible pollution.

Diverses excursions organisées font découvrir le pays à l'est, vers la frontière cambodgienne. Elles comprennent la visite de plantations d'hévéas et d'un grand complexe d'extraction de pierres précieuses.

Les activités commerciales ont l'avantage d'être concentrées dans la rue principale de Pattaya-Sud et aussi dans les boutiques chic des hôtels de luxe. Vêtements en prêt-à-porter ou sur mesure – les délais, dans ce cas, sont ultra-courts –, coraux et coquillages, bijoux et colifichets attirent les regards. Un produit local, le pantalon de pêcheur thaï, peut-être le plus ample du monde, passe pour être le summum du chic aux yeux des «avant-gardistes» de la mode.

Les restaurants de Pattaya servent des fruits de mer exquis – huîtres, palourdes, crevettes, langoustines, crabes, homards – et une grande variété de délicieux poissons charnus. Les établissements de luxe s'attachent à mettre en valeur leurs plats par la préparation et la présentation; mais, dans les modestes restaurants du bord de mer, la nourriture est aussi bonne et les prix sont plus abordables. Vous pourrez aussi

A l'abri du soleil, vous suivrez, à Pattaya, les évolutions d'Icare.

acheter un ananas que l'on vous coupera en tranches, ou vous offrir un morceau de bambou farci de riz sucré, cuit dans du lait de coco avec des haricots rouges très doux.

La vie nocturne est aussi suffisamment variée pour satisfaire tous les goûts, que vous aimiez les grandes formations dans les boîtes de nuit des hôtels ou la musique douce des bars intimes. Pattaya a toujours la réputation de posséder une foule de jolies filles, gaies et tout à fait disponibles. Vous pourrez les rencontrer surtout dans le quartier sud de la ville qu'une vie trépidante anime jusqu'à une heure du matin.

Excursion à Hua Hin

De l'autre côté du golfe du Siam, en face de Pattaya, la station balnéaire de Hua Hin a été pendant longtemps la plage préférée de la famille royale aussi bien que de la plupart des Thaïlandais. Récemment, Hua Hin a pris des allures de station internationale sophistiquée. Sa longue plage de sable blanc reste l'attraction principale, mais la ville et le port de pêche ne sont pas sans fascination pour les étrangers. Les loisirs proposés à Hua Hin sont variés et divers et vous pourrez aussi bien jouer au golf que monter à dos de poneys.

Au nord-est de Bangkok

A trois ou quatre heures en voiture de la touffeur et du tumulte de la capitale se trouve le site tranquille et frais de **Khao Yai**. Ce parc national de 2000 km² abrite plus de 100 espèces différentes d'animaux sauvages mis sous la protection de l'Etat thaïlandais. L'entreprise est très sérieuse: les voitures de tourisme sont fouillées à l'entrée et les éventuelles armes temporairement confisquées. A Khao Yai (qui signifie «grande montagne»), la chasse à l'image est la seule autorisée. Des safaris-photos sont organisés la nuit, de grands projecteurs servant à «traquer» les cerfs, les oiseaux tropicaux rares et – en cas de chance – les tigres, les ours et les éléphants en liberté.

Khao Yai, qui est situé à 205 km. au nord-est de la capitale, fut déclaré parc national en 1959. Naguère, l'endroit était connu comme repaire de hors-la-loi... et d'animaux. Un terrain de golf à 18 trous, un restaurant et des bungalows modernes ajoutent maintenant à l'attrait naturel de ce plateau luxuriant.

Nakhon Ratchasima, tel est le nom officiel (et un peu difficile à prononcer) de KORAT (appellation comprise partout), ville agréable mais peu captivante. Située à quelque 260 km. au nord-est de Bangkok, elle constitue un point de départ pour une grande excursion archéologique. La ville elle-même ne présente que deux monuments intéressants:

Sur la grande place se dresse, sur un piédestal, la statue d'une héroïne du début du XIXe siècle, Khunying Mo. Capturée par des envahisseurs du Laos, elle organisa avec des femmes indigènes un complot pour mettre en déroute l'ennemi.

C'est dans un faubourg de Korat que s'élève un curieux temple moderne, le **Wat Sala Loi.** Quoique de style nettement thaï, sa forme rappelle l'architecture religieuse occidentale contemporaine. A l'intérieur, on verra un énorme bouddha blanc, aussi grand qu'une maison.

Les ruines de l'ancien monastère de **Phimai** s'étalent au soleil, noircies comme par un incendie: le temps, en l'occurrence, a fait son œuvre... Le site se trouve au bout de la grand-rue, longue et poudreuse, de Phimai, à quelque 60 km. au nord-est de Korat.

Le **sanctuaire** principal, au centre de l'enceinte, fut vraisemblablement conçu par des

Phimai: une circulation aussi désordonnée qu'à Bangkok, avec, en plus, les cyclo-pousses. Au second plan, le sanctuaire élevé par les Khmers.

architectes khmers des XIe et XIIe siècles. Le style des bâtiments de brique et de pierre évoque celui du temple d'Angkor, de l'autre côté de la frontière du Kampuchea (l'ancien Cambodge). La merveilleuse **statuaire** à l'intérieur et à l'extérieur du sanctuaire central montre qu'il s'agissait là

dieux, des éléphants, des lions, des singes et des guerriers.

Pour conclure agréablement cette visite, il faut aller admirer (à 1 km. environ de Phimai) un **figuier banian** plus gros qu'un chapiteau de cirque. Si des esprits hantent les arbres, comme le croient nombre de Thaïs, alors ce fantastique figuier doit en être rempli! Le sanctuaire, à proximité, est très célèbre.

Le Centre de la Thaïlande

A **Lop Buri** (à 154 km. au nord de Bangkok), ce n'est pas la traditionnelle fontaine ou statue qui orne le centre de la ville, mais un véritable temple d'Angkor en miniature. Le **Prang Sam Yod** (temple des trois Flèches) est un exemple relativement bien conservé d'architecture khmère ancienne. Il servit d'abord de sanctuaire hindouiste avant de devenir un lieu sacré du bouddhisme.

Lop Buri, qui fut une des anciennes capitales du peuple khmer, se développa sous la domination thaïe au XVIIᵉ siècle. Le roi Narai la choisit comme capitale de remplacement pour le cas où il arriver malheur à Ayutthaya. Sa

d'un lieu sacré à la fois pour les hindouistes et les bouddhistes.

Vous pourrez ensuite vous rendre à pied sur les bords de la rivière Moon pour admirer un **jardin archéologique** où foisonnent statues, frises, linteaux anciens, ainsi que des sculptures représentant Bouddha, des

dence s'avéra totalement fondée puisque cette cité tomba aux mains des Birmans un siècle plus tard. Aidé d'architectes français, Narai fit construire un majestueux palais, le **Phra Narai Radjanivet** (ou Ratcha Nivet), protégé par une haute muraille percée de portes imposantes. Les diverses niches ménagées dans les murs reçoivent des lampes à huile en période de fêtes. Vous verrez encore les murs intérieurs du palais ainsi que diverses portes, demeures, et un réservoir en ruine. Deux bâtiments forment maintenant un **musée** qui abrite, entre autres, des statues de l'ancienne Lop Buri. Les dimensions de l'ensemble du palais montrent l'importance et la prospérité que connut la capitale au XVIIe siècle. Des documents de l'époque témoignent que les visiteurs étrangers, parmi lesquels l'ambassadeur de Louis XIV, furent grandement impressionnés par cette ville qu'ils appelaient Louvo ou Lavo.

Au centre de Lop Buri, face à la grande porte, se dresse la moderne pagode de San Phra

Dans un sanctuaire de Lop Buri, un singe familier dérobe une offrande dédiée à quelque divinité hindoue.

Kan, sur le site d'un ancien sanctuaire.

La moderne Sukhothai (à environ 450 km. au nord de Bangkok) n'est qu'un gros bourg de province, de 15 000 habitants environ. C'est à 13 km à l'ouest que se trouve la vraie **Sukhothai,** l'ancienne capitale de la Thaïlande, devenue un immense parc archéologique, vivant témoignage d'une époque prospère et heureuse. Sukhothai, qui signifie «l'aube du bonheur», connut son âge d'or à la fin du XIIIe et au début du XIVe siècle, sous le règne de Ramkamhaeng le Grand. Ce roi éclairé, guerrier légendaire, diplomate, législateur et mécène, choisit l'élégant palais de Sukhothai pour gouverner, de là, son riche et puissant pays.

Au XVe siècle, le centre du pouvoir politique et économique s'était déplacé au sud à Ayutthaya et, au XVIe, Sukhothai n'était plus qu'une ville fantôme. Il y a environ 30 ans, elle était encore envahie par la jungle, et les silhouettes de ses tours de style classique étaient dissimulées par une épaisse végétation. La restauration complète de cet immense site prendra encore une dizaine d'années.

Trois rangées de remparts avec douves enserrent la vieille **59** cité. On a longtemps cru que ce système de défense était en terre, mais on a découvert récemment que son ossature était composée de pierre et de brique.

Une bonne façon de commencer la visite de Sukhothaï est de voir le **Musée national Ramkamhaeng,** presque au centre de l'enceinte. On y trouve des sculptures de Bouddha en pierre et en bronze, datant de la grande époque de la capitale, une collection d'armes, quelques céramiques dans le genre de celles qu'elle exportait et des éléments de son ancien système de canalisation.

Il faut franchir une douve pour atteindre les ruines du **Palais royal** et du **Wat Mahathat,** le temple le plus beau de Sukhothaï. Le *ched* principal s'effile jusqu'à son sommet qui domine une forêt de colonnes en pierre.

Au sud-est du Wat Mahathat, on peut voir un temple à triple toiture, le **Wat Sri Sawai,** isolé par une muraille et une douve. On pense qu'il fut construit avant le règne de Ramkamhaeng, à l'époque où cette région était encore sous la domination khmère.

Le **Wat Sri Chum** est un temple à ciel ouvert où veille un gigantesque Bouddha assis; chaque doigt de la statue est aussi grand qu'un homme. Les murs du sanctuaire, de trois mètres d'épaisseur, comportent un passage secret, sur le côté gauche de l'entrée, à l'intérieur.

Si vous venez de quitter le plat pays autour de Bangkok, vous découvrirez avec plaisir le **Wat Saphan Hin,** au sommet d'une colline. C'est toute une expédition que de gravir les escaliers rustiques jusqu'au faîte, où se dresse un bouddha haut de plus de 12 mètres. Mais là-haut, la vue est belle, et il règne une brise agréable...

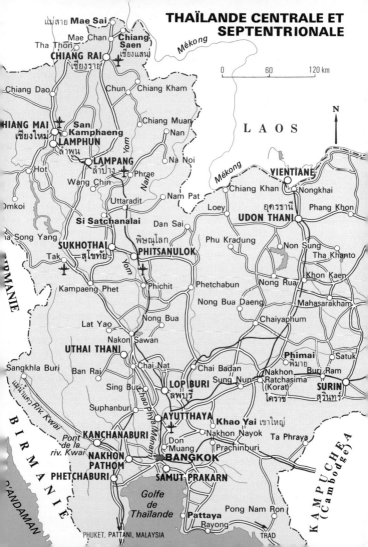

La partie la plus mélancolique de Sukhothai est peut-être le **Wat Chetupon,** au sud de l'enceinte principale. Des archéologues du cru se rendent parfois au coucher du soleil dans ces ruines du début du XVe siècle, lorsque l'air est frais et que seuls, le pépiement des oiseaux et la voix des cloches lointaines des troupeaux viennent troubler le silence. Mais il est recommandé aux touristes de ne pas visiter les monuments isolés sans en informer le poste de police local (en face du Musée national). Des voleurs, en effet, rôdent parfois...

Un autre centre archéologique important, quoique moins célèbre, est celui de **Si Satchanalai,** à 55 km. au nord de Sukhothai. Il date également de l'époque de Ramkamhaeng le Grand. Il faut traverser la rivière Yom en bac pour atteindre l'ancienne ville fortifiée. La décoration des sanctuaires est encore presque partout visible. Elle est magnifique et, surtout, d'une facture originale.

L'ensemble du site est entouré d'anciens fours qui servaient, il y a des siècles, à la cuisson des célèbres porcelaines. Les premières céramiques thaïes furent fabriquées à Sukhothai ; Ramkamhaeng invita même des conseillers techniques chinois. Mais l'argile était meilleure autour de Si Satchanalai, localité où cette industrie devait connaître une grande prospérité.

Avec son aéroport et son hôtel de première catégorie, **Phitsanulok** (à près de 500 km. au nord de Bangkok) constitue un bon point de départ pour une excursion à Sukhothai et à Si Satchanalai. La ville, qui a une longue histoire, fut presque totalement dévastée par un effroyable incendie, en 1960. Si le nouveau quartier des affaires, construit par la suite, n'a guère de charme, la position de Phitsanulok, sur la rivière Nan est, en revanche, digne d'intérêt.

Le terrible incendie a miraculeusement épargné le plus remarquable monument de Phitsanulok, le **Wat Mahathat.** Depuis des siècles, les croyants viennent ici prier devant le célèbre bouddha assis en bronze poli (du XIVe siècle), auquel on attribue de grands pouvoirs. Aujourd'hui, le sanctuaire, qui attire en foule écoliers et touristes thaïlandais, est un lieu très animé. Devant cette affluence, toute une gamme de commerces à l'intérieur de l'édifice propose des pendentifs, des reliques et autres souvenirs de la statue vénérable et vénérée.

Le Nord

Deuxième ville du pays par l'importance, **Chiang Mai** a le bon goût d'ignorer le tohu-bohu. Elle possède une végétation luxuriante, d'imposantes demeures, et sa population enjouée aime à s'amuser. Tout y est authentique, même ces gens des tribus montagnardes aux costumes très colorés que l'on voit aux arrêts d'autobus.

Entre octobre et la fin janvier, la ville jouit de températures merveilleusement printanières (devoir porter un pull, le soir, est une heureuse surprise pour le touriste qui vient de quitter la chaleur étouffante de Bangkok). Le plateau de Chiang Mai, entouré par les plus hautes montagnes du pays, produit une profusion de fruits, de légumes et de fleurs des climats tempérés et tropicaux. Cette région possèderait également les plus jolies filles de Thaïlande...

Les avions de la compagnie Thai Airways relient en moins de deux heures Bangkok à Chiang Mai. Des autocars rapides et climatisés font le trajet en neuf heures environ et l'express de nuit en quatorze heures.

Mengrai le Grand fonda ChiangMai, dont le nom signifie «ville nouvelle», vers la fin du XIIIᵉ siècle. Selon la légende, la construction de l'enceinte – dont on peut encore voir des vestiges – fut l'œuvre de 90 000 hommes qui se relayèrent jour et nuit... Mengrai fit également élever de nombreux temples et autres magnifiques édifices. Sous son règne, l'art et l'artisanat occupèrent une place importante dans la vie des villes du Nord, comme ils continuent de le faire aujourd'hui.

Comme toutes les villes de Thaïlande, Chiang Mai possède d'illustres monastères. Parmi les nombreux wats qui méritent une visite, il est bon de commencer par les trois situés à l'intérieur de l'ancienne douve carrée qui protège le cœur de la cité.

Le **Wat Chiang Man** fut fondé par Mengrai au XIIIᵉ siècle. Ce temple renferme de célèbres statues, antérieures à l'époque de sa construction. Une grille, des barreaux et une vitre protègent deux statues d'une valeur inestimable: un bouddha de cristal et un bouddha de marbre. Derrière le temple se dresse le *chedi,* entouré d'éléphants sculptés.

L'énorme *chedi* du **Wat Chedi Luang** est là pour témoigner de la catastrophe qui frappa Chiang Mai il y a plus de 400 ans: le sommet de la pagode s'effondra, semble-t-il, **63** au cours d'un terrible tremblement de terre. Bien qu'il n'ait jamais été restauré, il reste un remarquable monument.

Un petit sanctuaire, au **Wat Prasingh,** abrite un bouddha très précieux. C'est l'une des trois statues appelées Phra Singh qui subsistent. Ces statues, originaires paraît-il de Ceylan (Sri Lanka), auraient 1500 ans. Vous verrez, dans la bibliothèque (XIVe siècle), de remarquables décors en bois sculpté.

Le temple le plus célèbre demeure, cependant, le **Wat Phrathat,** qui se trouve au bout d'une étonnante route de montagne, à 25 min. de Chiang Mai

en bus. Avant que de pieux volontaires n'aient construit cette route, en 1934, on ne pouvait s'y rendre qu'à pied. Une fois parvenu au parc de stationnement, il faut encore escalader quelque 300 marches pour atteindre le monastère, qui se dresse à 1000 m. d'altitude. Depuis des siècles, les pèlerins

viennent rendre hommage aux reliques de Bouddha enfermées dans le *chedi* doré central, flanqué aux quatre coins de parasols ajourés en bronze. Le cloître est entouré de nombreux bouddhas d'une grande valeur artistique. Outre son intérêt historique, esthétique et religieux, le Doi Suthep offre une **vue** merveilleuse sur les collines, les vallées alentour et Chiang Mai.

Sur une autre colline, derrière le Doi Suthep, se trouve le **Palais d'Hiver,** où le souverain passe plusieurs mois chaque année. Quand la famille royale est absente, la propriété est ouverte au public le week-end et les jours fériés. Les admirables jardins présentent une prodigieuse variété de fleurs du monde entier.

Depuis Chiang Mai, des agences de voyages organisent des excursions vers une autre curiosité locale : un hameau habité par des membres de la tribu Méo. C'est le plus accessible de tous les **villages des tribus montagnardes.** Voilà pourquoi, d'ailleurs, on y voit la marque de l'influence étran-

Ces moines en robe safran voient-ils encore les dentelles de pierre ornant ce temple, à Chiang Mai? **65**

gère. Aujourd'hui, par exemple, les villageois n'acceptent de se faire photographier que moyennant rémunération. Cela étant, ils sont aimables et apparemment ravis que leurs costumes colorés et ornés de bijoux, et leurs modestes habitations retiennent ainsi l'attention. Ces Méo, qui sont peut-être 50 000 à vivre dans les montagnes du Nord de la Thaïlande, sont des cultivateurs et des artisans de talent, bien que leur mode de vie plutôt primitif ne séduise pas toujours les visiteurs. Si vous n'avez pas le temps d'aller plus au nord découvrir d'autres tribus épargnées par l'«exploitation touristique», alors ce village mérite assurément une visite.

La plupart des objets fabriqués par les tribus montagnardes sont vendus à Chiang Mai, qui est aussi un centre de production où chaque corporation est regroupée par quartier, comme c'était l'usage dans l'Europe médiévale. Dans le quartier des orfèvres, que vous repérerez au bruit, vous aurez l'occasion de voir ces artisans marteler coupes et plateaux.

Les Akha vivent encore en marge de la «civilisation». N'est-ce pas la preuve d'une suprême sagesse?

Dans celui qu'occupent les laqueurs, vous suivrez tout le processus de fabrication, à partir de quelques brins de paille jusqu'aux coupes et aux bols étincelants. Les sculpteurs sur bois, eux, font des meubles et des statues d'éléphants de toutes dimensions.

Pour en savoir plus sur l'artisanat local, il faut se rendre à **San Kamphaeng,** à 13 km. à l'est de Chiang Mai. Nombre de jeunes filles de cette ville, qui méritent pleinement leur réputation de belles, tissent de magnifiques soieries. Ces tissus, dont certains sont difficiles à trouver à Bangkok, valent toujours plus cher lorsqu'ils ont quitté la fabrique. La ville voisine de Bor Sang produit des ombrelles, confectionnées à partir d'une tige de bambou. Un charmant souvenir en perspective...

Lamphun (ou Lampoon ; prononcez «lampoun») est un autre centre d'artisanat réputé pour ses tissages. Il se trouve à environ 30 km. au sud de Chiang Mai, par une route bordée d'arbres majestueux. En chemin, on découvre deux «curiosités agricoles». Tout d'abord, des vergers de longaniers si chargés de fruits qu'il faut d'énormes tuteurs pour les soutenir. (Les longanes, *lamyaï* en thaï, ressemblent aux litchis **67**

et atteignent des prix fabuleux dans tout l'Orient. Presque toute la production de la Thaïlande vient des provinces de Chiang Mai et de Lamphun.) L'autre curiosité est constituée par des champs d'ails, à l'odeur insolite, dans ces campagnes!

Au centre de Lamphun, le grand et célèbre monastère de **Wat Prathat Haripoonchai** demeure un actif centre d'études et de méditation. L'énorme *chedi* doré, au centre, fut commencé il y a plus de 1000 ans. Les ouvriers à qui on le doit construisirent leur propre *chedi*, plus modeste, à l'extérieur du monastère; des arbres ont jailli de ses ruines. A côté, le **Musée national**, de style thaï moderne, renferme une collection de sculptures de la région de Lamphun, datant du Xe au XIIe siècle. Vous y verrez une pièce originale: un canon chinois à fût allongé de l'époque Ming.

Un cyclo-pousse vous conduira ensuite du centre de Lamphun au **Wat Ku Kut.** On raconte que ce temple fut fondé par la princesse Chamadevi, qui dirigea le royaume môn de Lamphun, il y a plus de 1000 ans. Le vestige le plus mémorable en est le *chedi* qui s'élève sur cinq paliers et dont les côtés sont ornés de 60 bouddhas debout en stuc. L'état de perfection un peu poussé de certaines statues est dû à des restaurateurs trop zélés.

Lampang, situé à près de 100 km. au sud-est de Chiang Mai, est la plus tranquille des villes de province. Pour parfaire l'atmosphère détendue, des calèches tirées par des poneys y concurrencent les taxis à moteur. L'histoire de Lampang remonte loin dans le temps. La cité était la capitale de l'ancien royaume môn avant l'arrivée des Thaïs.

Ici, trois temples méritent une mention spéciale. Le **Wat Phra Sang** possède un grand *chedi* blanc entouré à sa base par sept petits autels birmans. Le **Wat Phra Keo Don Tao,** où l'on relève aussi une influence birmane, peut s'enorgueillir de belles sculptures sur bois. A l'extérieur de la ville, le **Wat Phra That Lampang Luang** jouit d'une situation superbe en bordure de rivière; outre des bronzes et des sculptures sur bois splendides, le musée de ce monastère renferme un bouddha d'émeraude qui aurait été sculpté dans le même bloc de jaspe que l'illustre statue de Bangkok.

Chiang Rai, chef-lieu de la province la plus septentrionale du pays, située à quelque 180 km de Chiang Mai, est aisément accessible en avion ou en autocar.

Le chemin de fer, en revanche, ne se hasarde pas si loin. Mais si vous rêvez d'aventure, vous pourrez prendre, à Chiang Mai, un car qui vous conduira en quatre ou cinq heures jusqu'à THA THON.

En cette ville du bout du monde, une pancarte, dans un anglais très approximatif, recommande aux touristes de se faire inscrire au poste de police, de se méfier des pickpockets et conclut par cet avertissement: «N'allez pas loin seul, danger de meurtre!»

A Tha Thon, vous pourrez embarquer sur un «bateau à longue queue» qui vous emportera sur la rivière Mae Kok jusqu'à Chiang Rai. L'existence de rapides et le risque d'une attaque par des bandits donnent du piment au voyage; la police fournit parfois une escorte...

Chiang Rai, avec ses rues larges et ses constructions nouvelles, ressemble un peu à ces villes laborieuses du centre de l'Amérique; c'est en fait un missionnaire américain qui en a conçu le plan.

Au XIIIe siècle, l'ambitieux Mengrai le Grand aurait fondé la ville par hasard: selon la légende, son éléphant se serait égaré et l'aurait conduit ici, au bord de la Mae Kok; le paysage et l'intérêt stratégique que présentaient les lieux auraient incité le roi à y édifier une cité. Une statue de Mengrai se dresse à l'extrémité est de la ville. Comme en d'autres localités de Thaïlande, l'histoire et les trésors de Chiang Rai résident dans ses temples bouddhiques. Plusieurs d'entre eux, situés sur les hauteurs, offrent une belle vue sur la ville et la rivière.

Mais les curiosités propres à Chiang Rai – comme le grand marché couvert où l'on achète même des poissons vivants – cèdent le pas aux centres d'intérêt qu'offrent les alentours.

Dans les montagnes au nord de Chiang Rai, des villages vivent encore à l'âge du fer tout en essayant de goûter à l'âge du transistor. Pour découvrir ces tribus très isolées, il•faut vous préparer à marcher des heures, sinon des jours entiers. Cependant, un **village Akha,** situé au sommet d'une colline, près de MAE CHAN, n'est qu'à 7 km. de la grand-route. On y parvient par une piste cahoteuse mais praticable (pendant la saison sèche).

La «civilisation» n'a guère fait d'incursions, ici. Des cochons, des buffles et des chiens xénophobes errent entre des maisons de boue séchée; les femmes malaxent le riz comme on le faisait à l'âge de la pierre; **69**

et des ribambelles d'enfants nus, fruits d'une société libre qui ne connaît pas le mariage, demandent timidement des pièces aux touristes. Les femmes, aux coiffures royales entremêlées de perles, de pièces et de boutons, essayent de vendre aux visiteurs des bijoux, pour la plupart fabriqués avec des pièces refondues. A l'entrée du hameau, une pancarte en thaï signale qu'il est interdit de photographier les fumeurs d'opium. Les Akha et les autres tribus montagnardes n'apprécient pas les campagnes du gouvernement visant à venir à bout de la culture du pavot, si rémunératrice.

A Bor Sang, vous pourrez vous offrir une ombrelle avec le motif de votre choix. Cette scène bucolique a pour cadre le Triangle d'or...

Entre deux villages se trouve une école en plein air dont les élèves en uniforme bleu et blanc impeccable ressemblent à s'y méprendre aux autres écoliers thaïs. Ce sont des Akha et des Yao, que l'on essaie d'intégrer à la vie nationale. Mais, en dépit des efforts du gouvernement, peu d'enfants sont scolarisés.

Le **village Yao,** fait de huttes **71**

en torchis aux toits de chaume, ne paraît pas plus évolué qu'un hameau Meo ou Akha. Pourtant, on s'aperçoit que les vieux connaissent, outre le thaï, plusieurs langues tribales et qu'ils savent lire et écrire le chinois. Les femmes, en turban bleu et en veste ornée de boas rouges, s'assemblent autour des visiteurs (même s'il n'y en a qu'un!) pour leur montrer le produit de leur artisanat.

Des agences de voyages de Chiang Rai proposent des excursions dans divers villages de montagne. Vous pourrez également organiser une visite en vous adressant à votre hôtel ou à un chauffeur de taxi. Un guide sachant, si possible, la langue tribale garantira l'intérêt de l'excursion. Quant aux villageois, ils se montrent, les uns aimables, les autres intimidés.

La ville frontière de **Chiang Saen,** qui fait face à Luang Prabang (Laos), de l'autre côté du Mékong, a un passé grandiose. Entre le Xe et le XIIIe siècle, elle fut la capitale d'une principauté prospère. Des traces de sa glorieuse histoire sont éparpillées dans cette bourgade aujourd'hui insignifiante : une muraille bordée d'une douve, des ruines de temples à l'abandon ou en cours de restauration, un musée exposant des outils de l'âge de la pierre et des statues qui datent de la grande époque de Chiang Saen.

A 12 km. de Chiang Saen, on atteint le fameux **Triangle d'or,** délimité par les frontières de la Thaïlande, du Laos et de la Birmanie. Il n'y a pas de barbelés, car ces pays ne se touchent pas, séparés qu'ils sont par le Mékong et son affluent, la Mae Sai. Il n'existe aucun poste frontière officiel dans ce Triangle d'or. La région a une effroyable réputation : c'est par là, en effet, que s'écoule clandestinement un «flot» d'opium que canaliseront les trafiquants d'héroïne de Paris ou de New York. Rien que dans le nord de la Thaïlande, on estime à 10 000 hectares la superficie consacrée à la culture du pavot. En vérité, c'est beaucoup moins que par le passé, car le gouvernement s'efforce d'encourager d'autres cultures moins néfastes.

Mae Sai représente le point le plus septentrional qu'on puisse atteindre. Si les postes frontière ont pour vous un attrait particulier, vous irez jusqu'au pont international, qui sert essentiellement au passage

L'architecture religieuse a ses partisans sur la plage, à Pattaya.

des piétons entre la Birmanie et la Thaïlande. La frontière est ouverte de 6 h. du matin à 6 h. du soir aux voyageurs munis d'une autorisation. Pour les touristes, la limite à ne pas franchir se trouve au milieu du pont. En secteur thaïlandais, des Birmanes proposent quelques produits qu'elles ont «passés»: oranges, pruneaux empaquetés, boîtes en laque, sculptures sur ivoire, cigares, cigarettes de contrebande. A quelques pas de là, au centre de Mae Sai, une fabrique polit le jade de Birmanie (considéré comme le plus beau du monde et donc très recherché) pour en faire des bijoux.

Le Sud

Le Sud de la Thaïlande, qui s'étire en une bande étroite vers la Malaisie, offre un grand choix de plages. La côte est borde le golfe du Siam, tandis qu'à l'ouest, le littoral est baigné par l'océan Indien. De part et d'autre, s'étalent des plages paradisiaques. Dans l'intérieur, la campagne – avec ses rizières, ses plantations de cocotiers et d'hévéas – est d'une magnifique luxuriance.

Phuket
Cette île somptueuse est en passe de rivaliser avec les grandes stations internatio-

LE SUD

nales. Pour certains, Phuket serait même victime de cette popularité, et les plages parfaites de l'île pâtiraient du tourisme de masse. Les insulaires, qui restent à l'ombre et apprennent rarement à nager, s'amusent à voir des gens faire de longs voyages en avion simplement pour se baigner et se rôtir au soleil.

Phuket (prononcez pou-KET), n'est plus une île... puisqu'une digue la relie au sud du continent. Les autocars de tourisme s'y rendent directement en 15 heures environ depuis Bangkok. Mais l'avion est le plus pratique moyen de rallier la villégiature, Phuket n'étant qu'à une petite heure de vol de la capitale. Sans compter que les fatigues du voyage en sont ainsi considérablement réduites.

La grand-route qui mène vers le sud depuis l'aéroport traverse le village de Thalang, ancien chef-lieu de l'île, détruit en 1809 par les Birmans. Ces derniers avaient déjà, en 1786, assiégé la localité un mois durant. A cette occasion, deux grandes dames, Muk et sa sœur Chan, avaient héroïquement organisé la résistance. Des statues de ces guerrières improvisées s'élèvent sur un rond-point, en ville.

L'actuel chef-lieu, qu'on appelle également PHUKET ou Phuket-Ville, est tout à fait ordinaire. Seule une vieille rue, constituée de maisons basses de style sino-portugais, a été préservée (Thalang Road).

Phuket, la plus grande île de la Thaïlande (elle forme une province), a 75 kilomètres de long pour 23 de large, au maximum. La population, qui dépasse 100 000 habitants, est un mélange de Thaïs, de Chinois, de Malais, d'Indiens, de mystérieux «Gitans de la mer» (vivant entre eux) et de quelques Européens. Les mines d'étain, exploitées depuis cinq siècles, entretiennent une grande activité sur terre comme sur mer. L'économie repose également sur la production des noix de coco et du caoutchouc : en effet, l'île est en grande partie recouverte de cocotiers élégants et d'hévéas.

Mais c'est la mer limpide qui constitue l'attrait principal de l'île. Les plus belles plages sont situées à l'ouest, où le littoral de sable blanc et fin descend en pente douce dans la mer d'Andaman. La seule plage aménagée – avec hôtels, bungalows, restaurants, cafés et discothèques – est **Patong,** à 15 km. à l'ouest de Phuket-Ville. On y parvient par une route pavée. Les merveilleuses plages de **Kamala, Karon, Kata** et **Nai Harn** sont à l'état naturel, et tant que le réseau routier de l'île ne sera pas amélioré, elles resteront un peu à l'écart, au bout de pistes de terre.

Une trentaine d'îles inhabitées agrémentent les parages de Phuket : l'horizon, ici, n'est jamais monotone. Sur plusieurs plages, des propriétaires de «bateaux à longue queue» proposent de vous emmener faire un pique-nique ou de la plongée libre. Les experts de la plongée avec équipement vantent la magnificence des fonds, riches en coraux et en poissons aux teintes éclatantes. Des parties de pêche en haute mer sont également organisées, où vous prendrez sûrement pèlerins, barracudas et maquereaux.

Les boutiques de souvenirs regorgent de merveilles tirées de la mer. Elles vendent des coraux, de remarquables coquillages et des perles de culture du pays.

Personne n'a jamais choisi Phuket pour son animation nocturne. Cependant, la majorité des hôtels offre régulièrement des spectacles – et les dîners, en plein air ou non, sont déjà une fête. Les fruits de mer et les poissons sont mémorables, en particulier le homard, si prisé, plus cher à Bangkok. Au dessert, ne négligez pas l'ananas local, petit, sucré et si **75**

tendre qu'on en mange même le cœur.

La meilleure façon de commencer une soirée est d'assister au coucher du soleil. Le point le plus favorable – les insulaires eux-mêmes s'y rendent parfois – est un promontoire appelé **Laem Promthep**, à 19 km. au sud-ouest de Phuket-Ville. Les chasseurs d'images trouveront le cocotier majestueux et solitaire indispensable au bon cadrage de leurs photos. Un ou deux bateaux de pêche

se glisseront probablement dans le paysage au moment où la dernière tache rouge s'estompera...

Excursions

Des agences de voyages de Phuket organisent diverses excursions d'une journée. Deux de ces circuits sont particulièrement intéressants:

Phangnga (ou Pang Nga), la province située juste au nord de Phuket, présente des paysages parmi les plus exotiques de

toute la Thaïlande dans une dominante marine. Une «pirogue à longue queue» vous conduira à travers les palétuviers dans un site fantastique où d'incroyables pitons hérissent les eaux de la baie. Par deux fois, le bateau s'aventure dans des galeries creusées par la mer dans des calcaires. Puis, une échancrure dans le littoral escarpé de l'île de KHAO KHIAN vous révèlera un trésor: des peintures semblables aux fresques qui ornent les grottes pré-

Le Sud: des sourires ensoleillés, le rythme lent des tropiques, des paysages fantastiques (Phangnga).

historiques d'Europe. On n'en connaît pas l'origine...

Ces circuits touristiques font un choix parmi les cent îles et îlots fantastiques de la baie, presque tous inhabités; on aperçoit pourtant des marchands de souvenirs sur la plage de KHAO PHINGKA'N.

Les bateaux font escale pour **77**

le déjeuner dans un endroit tout à fait insolite, l'île de **Panyi**, où des pêcheurs musulmans ont établi un village sur pilotis. La seule partie «habitable» de cette île rocheuse sert de cimetière et de pâturage pour les chèvres. En se promenant sur les pontons qui font office de rues, on découvre de modestes maisons, une école, des boutiques. La grande activité du coin est le séchage des crevettes. On vient de très loin... de Bangkok ou même de Singapour pour acheter ici le beurre de crevettes à l'odeur étrange.

Une autre excursion va beaucoup plus au sud jusqu'à l'île de **Ko Phi Phi** (appelée «île P.P.» dans certains dépliants). Les hautes falaises sont le siège d'une immense colonie d'hirondelles. D'autres vivent dans une vaste grotte sur une île voisine : les nids que ces oiseaux construisent avec tant d'habilité sur les hauteurs sont recueillis par les insulaires au péril de leur vie. C'est une affaire qui rapporte gros, car les nids sont expédiés aux restaurants chinois d'un peu partout.

Outre cette curiosité, Ko Phi Phi offre une magnifique plage, où il fait bon se détendre, et de merveilleux récifs de coraux. Avis aux amateurs de plongée !

Hat Yai

La frontière malaise se trouve à 50 km. seulement de Hat Yai, grande ville de 100 000 habitants environ, florissante et animée. Les touristes y viennent en foule depuis la Malaysia et Singapour pour acheter à très bon prix nourriture, vêtements et articles ménagers. Les gens de Bangkok s'y précipitent aussi pour stocker les articles importés de Malaysia, dont les prix donnent à penser qu'il existe une certaine contrebande. Hat Yai (parfois écrit Haadyai) est également fier de sa vie nocturne, intense, décontractée et très bon marché par rapport à la capitale.

Un spectacle exotique a lieu le premier ou le deuxième dimanche de chaque mois : il s'agit de **combats de taureaux...** à la façon thaïlandaise. Cette curiosité propre au Sud n'a rien à voir avec la corrida : il s'agit en fait d'un combat entre deux taureaux qui rivalisent de volonté et d'astuce. Ils mêlent leurs cornes et luttent interminablement jusqu'à la victoire de l'un d'entre eux. Les joueurs, qui constituent la grande majorité des spectateurs, hurlent leurs paris. Certes, les gens qui n'ont pas investi d'argent dans l'affaire trouveront peut-être longues les huit heures de spectacle ;

mais il faut avoir vu au moins un ou deux combats.

Hat Yai possède un bouddha couché de proportions gigantesques qui fait l'objet d'un pèlerinage très populaire. Cette statue moderne en béton est creuse. On peut y pénétrer par l'arrière pour voir un cœur et des poumons sculptés, énormes. Une relique vénérée est placée dans le cœur.

Songkhla

A seulement 30 km. au nord-est de la trépidante Hat Yai, se trouve le port de Songkhla où il fait bon se reposer au clair de lune. Son immense plage de sable blanc, qui court sur des kilomètres, est encore étonnamment préservée. La réputation de cette station est loin d'égaler celle de Phuket – et encore moins celle de Pattaya. La raison en est sans doute que la saison des bains de mer est courte ici et qu'elle va de mars à mai, les mois «creux» pour le tourisme. Pendant la saison des vents (d'août à janvier ou février), cette partie du golfe de Thaïlande est en effet agitée. Alors, tout le monde contourne la pointe pour s'installer à **Samila Beach,** au-delà d'une statue de sirène. Là, le rivage de sable est abrité et les bois de pins et de casuarinas ombragent les coins à pique-nique, les restaurants de fruits de mer en plein air.

Au point le plus méridional du pays, là où le plus grand lac de Thaïlande (une lagune, en réalité) communique avec la mer, le port de Songkhla, aussi coloré que sa flotte de chalutiers. Vous pourrez assister au débarquement des langoustines géantes et «suivre» les coquillages, sur un lit de glace, du marché jusqu'aux tables des restaurants.

Il faut voir le **lac** de Songkhla, long de 80 km. pour 25 km. de large. Trouver un bateau nécessite cependant quelques recherches, car les excursions organisées sont irrégulières. Le bateau de tourisme *Sakarina Nava*, qui est en fait un restaurant de fruits de mer et peut accueillir près de 40 excursionnistes gourmets, se loue à la journée ou à la demi-journée.

Un tour du lac doit prévoir une escale à **Ko Yo,** une île couverte de buissons éclatants et d'arbres chargés de fruits, où se dissémine une population de quelque 5000 âmes. Les gens du continent viennent s'y approvisionner en ramboutans, en durions et autres fruits délicieux malgré leur aspect rébarbatif. Le tissage constitue la principale activité locale.

79

De retour à Songkhla, les passionnés de photo se sentiront peut-être obligés de visiter un village de pêcheurs musulmans, à 5 km. au sud de Samila Beach. On peut y voir d'adorables filles et garçons à la peau brune, vêtus de sarongs, ainsi que des bateaux de pêche artis-

Songkhla vous propose les mille et un sortilèges des mers du Sud. A vous d'y céder ou au contraire de ne pas trop vous laisser prendre.

tement décorés. Mais aucune photo ne saurait restituer... l'odeur de l'autre curiosité du village : des milliers de poissons séchant au soleil le long de la grand-rue poussiéreuse. Avis aux amateurs !

Il faut, pour finir, citer deux attractions culturelles de Songkhla. Le **Musée national,** riche en trouvailles archéologiques provenant du Sud du pays, occupe une demeure de style chinois joliment restaurée. Cette maison centenaire, située

en bordure de l'ancienne muraille de la ville, servait de résidence aux gouverneurs.

Un autre musée, plus hétéroclite, a été installé au **monastère de Majimawat,** construit il y a quatre siècles. Il renferme la collection d'un abbé bouddhiste aux goûts artistiques éclectiques. On y voit un mélange des plus insolites : statues de Bouddha, poteries anciennes, serpents naturalisés, vieux fusils, épées, monnaies et crânes.

Excursion à Angkor Wat

Une des merveilles du monde, le temple d'Angkor se trouve à moins d'une heure et quart de Bangkok par avion. *Du moins quand les conditions politiques le permettent...*

Angkor Wat n'est pas un site archéologique comme les autres : vous verrez là le chef-d'œuvre inoubliable d'une lointaine civilisation, un mo-

nument d'une grandeur écrasante. C'est grâce à un naturaliste français du XIXᵉ siècle, Henri Mouhot, que l'Occident a pu en «découvrir» les splendeurs. Mais ces dernières années, ce site a été coupé du monde par les guerres et la révolution.

L'avion atterrit à SIEM REAP, au Kampuchea (l'ancien Cambodge), une ville de style colonial français. Il faut ensuite prendre un autocar qui mène à Angkor en très peu de temps. De la route, on aperçoit déjà les fameuses tours par-dessus les arbres.

L'immense ville fortifiée d'**Angkor Thom,** qui date du XIIᵉ siècle, forme un carré de près de 3 kilomètres de côté. L'autocar y pénètre par l'une des cinq grandes portes surmontées de visages gigantesques du Bodhisattva représentations du sage parvenant à la perfection. Au centre même de l'enclave se dresse le **Bayon,** temple si énorme qu'en le visitant vous pourrez vous retrouver tout seul, en tête-à-tête, avec le terrible visage de quelque idole de pierre. Des statues et des bas-reliefs d'inspiration érotique figurent parmi les éléments épargnés par les invasions et le temps.

La **terrasse des Eléphants,** **82** également à l'intérieur d'Angkor Thom, est entourée de bas-reliefs en pierre représentant des éléphants aux harnachements de guerre et de paix. Eléphants, lions et *garudas* («hommes-oiseaux») sculptés soutiennent les murs d'enceinte.

Une élégante voie pavée, assez large pour un défilé, conduit à la porte ouest – l'entrée principale – d'**Angkor Wat,** mausolée royal construit sous le règne du Khmer Suryavarman II (de 1113 à 1150). Comment l'idée de salles si grandioses est-elle venue à l'esprit des architectes de l'époque? Comment a-t-on pu transporter puis élever les énormes blocs de pierre? Autant de mystères qui n'ont toujours pas été élucidés. Vous grimperez jusqu'au sommet de la pyramide centrale pour avoir une idée de l'ensemble.

Le moindre sentier, le moindre escalier vous révélera de nouvelles merveilles: cloîtres frais et tranquilles qui pourraient appartenir à un monastère méditerranéen; bas-reliefs détaillant, sur 100 mètres, élé-

Peut-être aurez-vous ici quelque pensée émue pour l'Ecole française d'Extrême-Orient. Sans elle, que resterait-il du prodigieux Bayon?

phants, singes, oiseaux, dieux et démons; immense farandole de jolies danseuses de pierre; sans oublier le spectacle des étangs couverts de lotus et de la jungle environnante.

Au milieu du XVe siècle, Angkor cessa d'être la capitale des Khmers; l'âge d'or avait pris fin...

Que faire

Le folklore

Ce folklore peut s'avérer aussi impénétrable qu'un concert de musique sérielle avec hautbois, xylophones et gongs, ou aussi

«lumineux» qu'un combat de boxe libre.

Il faut commencer par voir un des **spectacles folkloriques** conçus spécialement pour les touristes. Ils illustrent et expliquent les coutumes les plus répandues. Et ils sont souvent suivis d'un grand repas thaï, également accompagné de commentaires: une bonne façon d'allier le plaisir à l'édification! Des représentations spéciales mettent en scène la «danse de l'ongle», originaire du Nord du pays, dans laquelle les femmes portent de faux ongles, longs et dorés dans le but d'accentuer l'«éloquence» de leurs doigts. Vêtues de costumes traditionnels ou campagnards, ces mêmes artistes exécutent en-

Les fêtes

Modestes ou importantes, solennelles ou divertissantes, les fêtes sont si nombreuses en Thaïlande qu'elles pourraient faire, à elles seules, l'objet d'un livre. En voici une courte liste:

De février à avril. Combats de cerfs-volants sur l'esplanade Pramane à Bangkok, l'après-midi en semaine.

Février. Grand corso fleuri à Chiang Mai: chars et défilés.

Avril. Songkran, la fête de l'Eau. Elle est célébrée avec force réjouissances à Chiang Mai ainsi que dans la banlieue de Bangkok.

Mai. Cérémonie royale des Labours. La date en est fixée juste avant la saison des pluies par les astrologues brahmaniques du roi. Celui-ci préside aux cérémonies et aux processions sur l'esplanade Pramane à Bangkok.

Mai. Boon Bong Fai ou fête des Fusées. Tambours, danses, feux d'artifice. Célébrée surtout dans le Nord-Est.

Juillet. Asanha Puja. Processions aux chandelles au clair de lune dans tous les temples de Thaïlande.

Octobre-novembre. Kathin, fin de la saison des pluies et du Carême bouddhique. Les gens vont porter en procession des tuniques et autres présents aux moines.

Novembre. Loi Krathong. A la pleine lune, des embarcations en feuilles de bananier, avec chandelles et encens, sillonnent les rivières et les canaux, à Bangkok et à Chiang Mai surtout.

Novembre. Rassemblement d'éléphants à Surin (dans le Nord-Est). Des centaines de pachydermes, regroupés par l'Office du Tourisme thaïlandais et les autorités provinciales.

Si la musique, sous ces latitudes, ne vous «parle» guère, sans doute apprécierez-vous d'autres formes d'expression à leur juste valeur?

suite des danses de guerre, de l'épée, de la moisson et des danses des tribus montagnardes.

Les **arts martiaux** sont aussi représentés dans ces spectacles touristiques : on assiste notamment à des combats avec des bâtons pointus et des épées tranchantes. Un rituel, avec accompagnement de hautbois et de tambours, précède toujours l'assaut : les combattants s'agenouillent pour rendre hommage à leurs instructeurs et invoquer les esprits.

On peut découvrir ce sport unique en son genre qu'est la **boxe thaïlandaise** dans un spectacle folklorique ou dans les stades de Bangkok et d'ailleurs. Seul un kangourou parviendrait à esquiver les coups de ces boxeurs qui, outre leurs poings gantés, utilisent leurs coudes, leurs genoux et leurs pieds. Ici aussi, un rituel précède le combat. La boxe thaïe donne lieu à des paris animés. Il en est de même des combats de coqs, de poissons et, dans le Sud, des combats de taureaux (tous interdits dans l'agglomération de Bangkok).

85

Les sports

Avec la chaleur qui règne en Thaïlande, il serait déraisonnable de s'agiter en plein midi!

Les grands hôtels possèdent leurs propres courts de **tennis.** Il serait sage de pratiquer ce sport en début ou en fin de journée; certains courts sont éclairés.

Des **courses de chevaux** ont lieu pratiquement toute l'année, le samedi et le dimanche, sur les deux champs de courses royaux de la capitale.

La **boxe thaïe,** que l'on peut voir presque tous les soirs à Bangkok et dans certaines

villes de province, fait aussi l'objet de paris. Les bonnes places sont assez chères.

Nombre d'hôtels sont équipés de **piscines.** Celle de Siam Park, à Bangkok, s'inscrit dans un cadre superbement tropical. Dans les stations balnéaires, certains hôtels ou magasins fournissent le matériel nécessaire au nautisme.

La **pêche** ne s'est développée en tant que sport que depuis peu en Thaïlande. Aussi vous sera-t-il peut-être difficile de trouver l'équipement requis pour aller affronter pèlerins et autres requins. Il sera facile, partout, de trouver un patron pêcheur prêt à vous emmener.

Le **parachutisme ascensionnel,** sorte de ski nautique pratiqué dans les airs, est en vogue à Pattaya.

On peut louer des **voiliers** aux couleurs joyeuses sur certaines plages, ainsi que des pédalos et des scooters nautiques.

Il est possible d'apprendre et de pratiquer la **plongée autonome** dans les stations.

Les amateurs de **ski nautique** trouveront l'équipement nécessaire et des hors-bord sur les plages les plus fréquentées.

La pratique de la **planche à voile** exige un grand sens de l'équilibre. Des cours sont organisés (on peut obtenir son brevet en quinze leçons).

Les achats

Des améthystes aux zircons, des objets anciens aux zèbres en peluche, les tentations sont multiples en Thaïlande. Devant la variété des bonnes affaires, la propagande officielle a baptisé Bangkok «paradis des achcteurs». C'est peut-être vrai, mais pour les objets de fabrication locale seulement.

Où faire ses emplettes
L'Office du Tourisme thaïlandais (T.A.T.) publie une brochure gratuite, intitulée *«Official Shopping Guide»*, qui est remplie de conseils, de suggestions et de listes de magasins recommandés. Elle divise Bangkok en sept quartiers commerçants qui sont, pour la plupart, à proximité des grands hôtels. Ceux-ci, d'ailleurs, disposent tous d'une galerie marchande pour les touristes pressés ou peu désireux de quitter les endroits climatisés. Les boutiques, si elles ne sont pas obligatoirement meilleur marché, ajoutent cependant une note d'aventure au lèche-vitrines.

Les magasins pour touristes ne constituent qu'une première étape pour l'acheteur averti. Les grands établissements proposent des objets d'artisanat **87** et d'autres articles à des prix fixes.

Les marchés en plein air sont extraordinaires, même pour le simple spectateur. Le plus grand? La foire qui se tient chaque week-end au Chatuchak Park de Bangkok, sur Phaholyothin Road (près de la gare routière nord); elle se déroule ces deux jours-là de 7 h. à 18 h. Avec ses petites boutiques et ses éventaires bourrés d'objets utiles, d'articles de luxe et de curiosités, le marché aux Voleurs de Bangkok – aujourd'hui dans la Ville chinoise – est l'endroit où se tiennent antiquaires et brocanteurs.

Si vous projetez de visiter la province, gardez donc un peu de temps pour vos achats. En effet, les objets vendus sur leur lieu de fabrication sont plus avantageux.

Quand acheter
Le commerce ignore ici le repos hebdomadaire. Dans certains quartiers ou stations, les petites boutiques restent ouvertes jusqu'à 22 h. Le marché du week-end se déroule du samedi à l'aube au dimanche soir. La Ville chinoise est particulièrement animée du lundi au samedi. Voir la rubrique HORAIRES dans les Informations pratiques.

A faire, à ne pas faire
Quoi que le vendeur vous dise ou omette de vous dire, n'oubliez jamais qu'il est absolument interdit d'exporter un bouddha, qu'il s'agisse d'une statue ancienne ou de toute autre représentation du Sage.

Les antiquités et les œuvres d'art anciennes ne peuvent être exportées sans une autorisation spéciale du Département des Beaux-Arts. (Voir aussi p. 114.)

N'écoutez pas les rabatteurs qui vous proposeront de vous guider dans vos achats; ils reçoivent des marchands une commission dont... vous ferez les frais.

Le marchandage est de rigueur presque partout (à commencer par le taxi qui vous conduit dans les magasins). Si mimiques et palabres vous apparaissent comme un jeu, alors le marchandage est amusant. Essayez de dissimuler vos sentiments, notamment lorsque vous mourez d'envie d'acheter un objet. Soyez détendu et de bonne humeur, jamais pressé, jamais impatient de conclure une affaire.

Qu'acheter
Antiquités. Le collectionneur avisé pourra trouver des objets intéressants provenant de Thaïlande, Birmanie. Cambodge, Chine et Laos, au marché aux

Voleurs, dans les boutiques chic ou en province. Des experts du Musée national à Bangkok reçoivent le public le dimanche et le lundi pour l'estimation des œuvres d'art et des antiquités. Une autorisation d'exportation est nécessaire pour les objets authentiques. (Voir page 114.)

Art. Les tableaux d'artistes thaïs, peints selon diverses techniques, sont vendus partout dans les galeries et les boutiques. Les thèmes favoris sont les paysages de rizières et les temples. Des gaufrages de sculptures sacrées sur papier de riz constituent un autre souvenir exotique.

Artisanat. Habiles, patients et ingénieux, les artisans thaïs

A Chiang Mai, cet artisan retrouve la patience, la minutie et la sûreté de gestes de ses ancêtres. Et il semble que le temps ne compte guère...

produisent une variété d'objets apparemment infinie. Chaque région a sa spécialité, depuis les broderies des tribus montagnardes du Nord jusqu'aux soieries du Sud.

Bois sculpté. Des saladiers, des meubles, des figurines et de la bimbeloterie en teck.

Bronze. Il jouit d'une longue tradition. On l'utilise aujourd'hui pour la fabrication de couverts (inoxydables), de lampes, cloches, candélabres et statues.

Céramiques. Un bois spécial est employé pour le chauffage des fours servant à l'obtention du céladon, la production locale par excellence. La Thaïlande fabrique aussi des figurines en porcelaine. Il arrive qu'on trouve des bols et des fragments de céramique datant des époques Ming et Ching.

Cerfs-volants. Les modèles «de combat», soigneusement pliés pour le transport, constituent des cadeaux originaux.

Coquillages. Les collectionneurs pourront faire des trouvailles dans les boutiques ou chez les marchands itinérants des stations balnéaires.

Eléphants. Symbole de prédilection de la Thaïlande, l'éléphant est immortalisé dans des sculptures sur bois – miniature ou grandeur nature – et sur jade. Mais vous trouverez aussi des modèles éclatants, sertis de verroterie.

Ivoire. Des éléphants encore, des figurines de mandarins et d'incroyables assemblages de sphères encastrées les unes dans les autres, le tout dans le style chinois.

Joaillerie. Les joailliers thaïs préfèrent les bijoux traditionnels, mais ils fournissent sur commande des pièces originales. Choisissez avec soin le lieu de vos achats; les boutiques où s'arrêtent les cars de tourisme payent souvent une commission de 30% aux agences de voyages!

Laques. De jolies petites boîtes, dorées ou noires, en forme d'animaux imaginaires, ou des bols et des assiettes multicolores.

«Livres» anciens. Des manuscrits birmans enluminés sur parchemin, pliés en accordéon avec une «reliure» en cuir.

Mode. Les costumes sur mesure, confectionnés, dit-on, en 24 heures ou moins, constituent parfois d'excellentes affaires. Il est cependant préférable de laisser au tailleur un délai de plusieurs jours, voire d'une semaine, si l'on veut un

Au marché du week-end, à Bangkok: des fleurs et des sourires.

vêtement parfait. En confection, vous achèterez des robes, complets, pantalons larges, chemises, habits coloniaux et même bikinis.

Nielle. Il s'agit là d'argent incrusté d'émail noir. Vous vous offrirez des bibelots et divers objets d'une grande délicatesse.

File l'aiguille! Dans les villages Méo, l'artisanat mobilise souvent toute la famille. La machine à coudre, elle, date presque de Thimonier!

Ombrelles. Elles sont fabriquées et peintes à la main dans les villages autour de Chiang Mai. Vous en trouverez de toutes dimensions, et vous pourrez faire exécuter le motif de votre choix.

Pierres précieuses. La Thaïlande extrait des pierres précieuses (saphirs et rubis) et en importe d'autres (notamment de Birmanie, d'Inde et de Sri Lanka), à des prix intéressants. Bangkok revendique la première place comme centre mondial de la taille des pierres. Pour tout achat important, il est préférable d'aller dans une boutique de bonne réputation.

Poterie. Le *benjarong,* variété typiquement thaïe, présente des motifs à cinq couleurs sur fond blanc, gris ou noir. On trouve aussi des jarres, des assiettes, des pots et même des crachoirs en porcelaine peinte.

Poupées. Des danseuses thaïes vêtues ou non du costume traditionnel, des paysannes sur leur sampan, des personnages costumés des tribus montagnardes, des animaux.

Soie. Les heureux vers à soie occupent des milliers d'agiles tisserands qui fabriquent, de leurs mains et de leurs pieds, les célèbres tissus thaïs très colorés. Du chemisier le plus délicat au lourd couvre-lit, la fibre inusable mérite sa réputation mondiale.

Vannerie. Des meubles légers et des chapeaux de paysannes.

Xylophones. Les versions thaïes, appelées *ranad ek* et *ranad thum* (respectivement soprano et alto) sont formées de lames de bois montées sur une caisse de résonance en forme de bateau.

93

La vie nocturne

Même si ses bars ferment dès minuit (à 1 h. du matin le week-end), Bangkok offre une multitude de distractions nocturnes. Les noctambules enragés viennent du monde entier pour en savourer les plaisirs...

Commençons par les divertissements bon enfant. Les boîtes de nuit, surtout dans les grands hôtels, proposent des spectacles, des orchestres avec pistes de danse. Bangkok possède également des discothèques et des bars plus intimes avec un petit orchestre ou un pianiste.

Divers cabarets se sont spécialisés dans un spectacle qui mêle la cuisine et la musique thaïes traditionnelles; on y voit des numéros de danse classique ou folklorique, parfois les deux.

A part cela, les distractions strictement culturelles pour étrangers sont très limitées. Des musiciens en tournée donnent parfois des concerts, et les troupes théâtrales locales quelques représentations. Les films étrangers sont rares en raison de lourdes taxes d'importation. Ces taxes visent à encourager l'industrie cinématographique nationale, qui continue de déverser sur les écrans des centaines de films de seconde catégorie. Certains bars, clubs, hôtels et associations pallient ce vide en projetant des films étrangers en séance semi-privée.

Sérieux s'abstenir...

Bangkok by night, un monde conçu avant tout pour les messieurs, mérite sa réputation. La sensualité désinvolte des cabarets à entraîneuses se teinte d'une jovialité tout à fait spontanée. Difficile ici, de «tondre le client», car la police veille discrètement. Les danseuses semblent vraiment aimer leur métier; elles acceptent avec plaisir un verre et gardent leur bonne humeur et leur aimable spontanéité quoi qu'il arrive. Bien que ces bars soient clairement destinés à une clientèle masculine, les dames qui veulent y entrer, ne serait-ce que pour regarder, sont en général acceptées. On trouve maintenant quelques bars «homo» dans les mêmes quartiers, surtout autour de Patpong.

Quoi qu'on puisse en penser, les salons de massage se sont acquis une réputation aussi solide que les orchidées. Bien qu'ils soient invariablement répertoriés dans les distractions nocturnes, ces établissements pour sybarites assurent un «service» ininterrompu de midi à minuit.

Les salons les plus élégants annoncent que les dames sont également admises. Bangkok possède par ailleurs des clubs «fitness» classiques qui proposent une bonne relaxation à l'ancienne sans les «extras» qui font la réputation des masseuses thaïlandaises.

Aucun résumé de la vie nocturne à Bangkok ne serait complet s'il ne vous rendait attentif à certains risques, petits ou grands. Les proxénètes, parmi lesquels il faut compter nombre de chauffeurs de taxis, font toujours des propositions alléchantes: elles coûtent en général plus cher que ce qu'on devrait y mettre. Les rabatteurs qui rôdent autour des hôtels et des bars savent où trouver des spectacles érotiques et des distractions pornographiques. Mais ces établissements, en théorie illégaux, font parfois l'objet de rafles...

En province, la vie nocturne est en général plus calme qu'à Bangkok, bien que nombre de villes possèdent boîtes de nuit avec entraîneuses, salons de massage et autres établissements de ce genre. Dans ce domaine, Pattaya et Hat Yai n'ont rien à envier à Bangkok!

Pour beaucoup, voici le sommet du voyage, du côté de chez Patpong...

Les plaisirs
de la table

La nourriture thaïe est saine, délicieuse et bon marché. Mais il faut choisir les mets avec discernement: la cuisine trop épicée ne convient guère aux enfants et aux cardiaques. De façon générale, il n'est pas mauvais de commencer son initiation progressivement. Personne ne vous accusera de faiblesse si vous laissez les petites rondelles de piment rouge ou vert qui accompagnent les soupes et les sauces. Vous pouvez également commencer par une «version touristique» de la gas-

tronomie thaïe, spécialement adoucie pour les palais étrangers, avant de vous plonger dans le feu de la cuisine authentique.

Vous pourrez, pour varier vos menus, goûter à de merveilleux fruits de mer: ici, même le homard est à la portée de toutes les bourses. Par ailleurs, dans le moindre village, à cent lieues de la capitale, on vous proposera une bonne cuisine chinoise dont la douceur vous reposera un peu des plats pimentés.

Le choix du cadre est aussi étendu que pour la nourriture. Vous pourrez découvrir ces délices culinaires dans un environnement authentique et luxueux, au son d'une musique traditionnelle. Ou encore prendre une collation à l'étal d'une voiture à bras sur laquelle «règne» une cuisinière en train de préparer des crêpes fines comme du papier à cigarettes. Entre ces deux extrêmes, il existe des restaurants simples, souvent en plein air, où la carte – s'il y en a une – n'est écrite qu'en thaï.

Les prix indiqués sur la carte dans les restaurants pour touristes ne correspondent pas toujours à la réalité. En général, le service et les taxes sont en sus, sans compter le pourboire, de mise (voir POURBOIRES, dans la section «Informations pratiques»).

Que manger
Croyez-en les Thaïlandais et accompagnez les plats relevés d'une petite montagne de riz cuit à la vapeur. Pour «éteindre le feu», il n'y a rien de tel... et boire n'arrange rien!

Mais il serait injuste d'insister sur le côté «chaud» de la nourriture thaïe. Elle présente aussi des nuances admirables et subtiles. Outre le piment, les chefs utilisent ici toute une gamme de condiments et d'arômes: basilic, lait de coco, coriandre, cannelle, ail, citronnelle, jus de lime, noix de muscade et, en général, sucre.

Hors-d'œuvre. *Paw pia tod* (1). C'est un rouleau de printemps thaï, crêpe délicate et croustillante entourant un mélange aigre-doux de porc, de crabe et de germes de soja.

Le *gai hor bai toey* (2) consiste en morceaux de poulet frits assaisonnés d'huile de sésame, de sauce de soja, de sauce d'huîtres, de fines herbes et parfois d'une goutte de whisky.

Soupes. *Tom yam* (3). Une soupe pimentée et vinaigrée

D'un éventaire à l'autre, il est facile de faire un repas complet.

avec porc, crevettes, bœuf, poulet ou poisson. Elle doit être accompagnée de beaucoup de riz pour tempérer la «force» du piment.

Gaeng jeud (4). Une soupe moins relevée, à base de poulet, de porc et de crevettes, cuite avec des légumes à la chinoise et agrémentée de fines herbes et d'épices thaïes.

Riz et nouilles. *Kao pad* (5). Il s'agit de riz frit avec toutes sortes de morceaux de viande.

Mee grob (6). Des nouilles de riz croquantes, accompagnées de crevettes, de porc, de germes de soja et d'œufs. Si vous aimez l'aigre-doux...

Le *bah mee nam* (7) est une soupe riche aux nouilles, avec des morceaux de porc ou de poulet, des germes de soja, des fines herbes et des épices douces.

Poissons et fruits de mer. *Hor mok pla* (8). Un curry (cari) de poisson aux légumes et au lait de coco, roulé dans des feuilles de bananier.

Pla preow wan (9). Poisson frit, nappé d'une épaisse sauce aigre-douce.

Gung tod (10). Des crevettes frites, croustillantes, servies en général avec un assortiment de sauces.

Viandes. *Gaeng mud-sa-man* (11). Un curry (cari) de bœuf, moins pimenté que les autres, aromatisé à la cacahuète.

Kao nah gai (12). Du poulet coupé en tranches avec oignons nouveaux et pousses de bambou, servi sur un riz à la vapeur.

Sa lad neua san (13), ce qui veut dire salade de bœuf rôti. Outre du bœuf et des légumes froids, vous y trouverez des piments, de l'ail et parfois de la menthe.

Desserts. *Salim* (14). Du lait de coco et de la glace pilée rafraîchissent ce plat de nouilles sucrées.

Ice-cream, prononcé à l'anglaise (15). On en trouve parfois avec des parfums naturels originaux; une variante locale: la glace à la noix de coco, parse-

---

1. ปอเปี๊ยะทอด
2. ไก่ห่อใบเตย
3. ต้มยำ
4. แกงจืด
5. ข้าวผัด
6. หมึกรอบ
7. บะหมี่น้ำ
8. ห่อหมกปลา
9. ปลาเปรี้ยวหวาน
10. กุ้งทอด
11. แกงมัสมั่น
12. ข้าวหน้าไก่
13. สลัดเนื้อสัน
14. สลิ่ม
15. ไอสครีม
16. ส้มโอ
17. สับปะรด

mée de cacahuètes et de grains de maïs.

Fruits. *Som-o* ([16]). Il s'agit du poméElo, ce cousin tropical du pamplemousse, servi en quartiers.

Sup-pa-rod ([17]). Le fameux ananas, deux fois plus savoureux sur sa terre natale !

Dans les restaurants, on trouve rarement les fruits les plus exotiques, mais vous pourrez les goûter au marché et aux étals des marchands des rues.

Le *ngor* (ramboutan) ressemble à une fraise velue, démesurément grosse. Le fruit est caché à l'intérieur.

Le *lamut*, fruit marron clair qu'il faut peler, est douceâtre. Il rappelle le goût de la figue fraîche.

Le *durion*, un «monstre» plein d'épines, renferme des baies de couleur crème dans des cavités ovoïdes. On prétend qu'il sent plus fort qu'un vieux fromage.

N'oubliez pas, cependant, les délicieuses oranges, bananes, papayes, mangues du pays...

Autres tables, autres mœurs

Les restaurateurs thaïlandais accueillent souvent leurs clients avec des serviettes fraîches, parfois glacées, pour les soulager de la chaleur. Depuis peu, beaucoup d'établisse-

ments ont pris l'habitude de distribuer de petites serviettes en papier sous sachet de plastique.

On voit rarement une salière sur la table. Si vous trouvez que les plats manquent de sel, ajoutez-y un peu de saumure de poisson couleur caramel, appelée ici *nam pla*, qu'on présente avec les mets. L'autre sauce, le *nam som*, vinaigre dans lequel flottent de petits morceaux de piment, est pour ceux qui aiment les sensations fortes !

Vous serez peut-être surpris de ne pas voir de couteaux à table. Ils sont en fait inutiles : la plupart des aliments sont déjà présentés en petits morceaux ou sont suffisamment moelleux pour être fractionnés à la fourchette ou à la cuillère. La fourchette, que les Thaïlandais tiennent de la main gauche, leur sert à placer la nourriture dans une large cuillère avec laquelle ils mangent. Les baguettes sont utilisées pour certains plats, lorsqu'il s'agit, par exemple, de prendre des morceaux dans un ragoût. Si vous n'êtes pas expert, gardez donc votre fourchette et votre cuillère.

Découvrez l'Asie !

Pour changer de la cuisine thaïe et de la nourriture à **99** l'européenne proposée par les petits restaurants, il faut goûter les mets d'autres pays d'Asie. C'est la cuisine chinoise qui est de loin la plus répandue. A Bangkok, vous pourrez découvrir les grandes écoles de la gastronomie chinoise.

Si les restaurants spécialisés dans la cuisine des pays voisins – Birmanie, Laos, Kampuchea et Malaisie – sont difficiles à trouver à Bangkok, les pays plus lointains (et mieux connus) sont bien représentés. Les restaurants japonais et coréens par exemple ont proliféré sur les itinéraires touristiques. Par ailleurs, la présence en Thaïlande d'une importante

minorité d'origine indienne ou de religion musulmane explique qu'on trouve d'authentiques currys (ou caris).

La cuisine occidentale. La plupart des hôtels proposent une version approximative de la cuisine européenne. Pour plus d'authenticité, il faut essayer les restaurants «nationaux», souvent dirigés par des résidents étrangers. A Bangkok, on a notamment le choix entre les cuisines allemande, américaine, anglaise, française, hongroise, italienne, scandinave et suisse.

Boissons
On sert fréquemment de l'eau glacée en début de repas. Elle est presque toujours potable dans les bons restaurants, mais, dans le doute, il est préférable de commander une bouteille d'eau et de se passer de glace. Les Thaïlandais boivent en général de l'eau tout au long des repas et prennent un thé ou un café à la fin. Les hommes arrosent parfois leur repas de whisky. Vous pourrez commander la boisson de votre choix, les Thaïs n'auront pas l'air surpris: jus de fruits, sirops, lait, bière, café glacé, thé glacé ou limonade. (La limonade thaïe est en général salée pour lutter contre la déshydratation.)

Tous les vins atteignent des prix astronomiques en Thaïlande. Ils coûtent beaucoup plus cher que dans leur pays

Restaurant dans une rue de Bangkok: la petite écolière, encore en uniforme, s'est muée en serveuse. **101**

d'origine. Même dans un restaurant modeste, le prix des vins français, allemands ou portugais est parfois supérieur à celui du dîner complet! Mais la Thaïlande produit de bonnes bières. Les marques sont Singha, Amarit et Kloster. Elles sont plus fortes qu'on ne croit. Le whisky thaïlandais est, en revanche, plus léger et moins cher que vous ne l'imaginez.

Vendeur des rues à Pattaya: de beaux fruits exotiques au nom souvent imprononçable... Mais il suffit de désigner ceux que vous convoitez.

Pour vous faire servir...

Pourrions-nous avoir une table?	มีโต๊ะว่างไหม	*Mi tor wang mai?*
Je voudrais un/une/du/de la...	ฉันอยากจะ	*Chan yak cha...*
bière	เบียร์	*beer*
café	กาแฟ	*kafae*
carte	เมนู	*ma-noo*
eau	น้ำ	*nam*
lait	นม	*nom*
pain	ขนมปัง	*kha-nome-pung*
riz	ข้าว	*kao*
sel	เกลือ	*keua*
soupe	ซุป	*soop*
sucre	น้ำตาล	*nam thal*
thé	ชา	*cha*
verre	แก้ว	*kaew*
viande	เนื้อ	*neua*

...et pour lire le menu

กล้วย	*kluay*	banane
เนื้อ	*neua*	bœuf
ไก่	*gai*	poulet
ปู	*poo*	crabe
แกง	*gaeng*	curry (cari)
ไข่	*khai*	œuf
ปลา	*pla*	poisson
ก๋วยเตี๋ยว	*kwaytio*	nouilles
ไข่เจียว	*khai jeow*	omelette
มะละกอ	*ma-la-kor*	papaye
หมู	*moo*	porc
กุ้ง	*gung*	crevette
แตงโม	*taeng-mo*	pastèque

103

BERLITZ-INFO

Comment y aller

PAR AIR

Vols réguliers

Au départ de la Belgique. Vous avez deux vols par semaine à destination de Bangkok depuis Bruxelles. Le voyage dure (avec une ou deux escales sans transbordement) entre 13 et 14 h. Certains jours, on change dans une des capitales européennes.

Au départ du Canada. Deux solutions s'offrent à vous : gagner San Francisco depuis Montréal et de là rallier Bangkok, ou passer par l'Europe (Paris, Bruxelles, Amsterdam, Zurich), ce qui pourrait être moins long.

Au départ de la France. Un ou deux vols par jour depuis Paris, avec escales. Un jour par semaine, un vol non-stop met Bangkok à 11 h. 20 de Paris.

Au départ de la Suisse romande. Depuis Genève, vous avez deux vols par semaine *via* Bombay ou Karachi, en 12 h. 50. Les autres jours, vous pouvez rallier un vol au départ de Zurich.

Bangkok, plaque tournante. A Bangkok, toute la Thaïlande, l'Asie et l'Océanie sont à votre portée. Services fréquents en particulier à destination de Phuket, Chiang Mai, Hong Kong, Singapour, Kuala Lumpur au départ de Don Muang (voir p. 108).

Les **réductions** au départ de l'Europe varient d'un pays à l'autre. Ainsi, les Belges et les Suisses peuvent bénéficier du tarif «excursion», valable 14 à 90 jours pour les premiers, 14 à 180 jours pour les seconds (arrêts autorisés). Au départ de la France, le tarif «visite» permet aussi des escales prolongées, mais n'est valable que de 7 à 45 jours. Depuis le Canada, on peut bénéficier des tarifs «excursion» (valable 14 jours à 4 mois avec autorisation de s'arrêter à trois endroits) et APEX (validité identique, possibilité de s'arrêter en cours de route, mais réservation au plus tard 21 jours avant le départ).

Voyages organisés, en groupes ou seul

A défaut de charter au départ de l'Europe, il existe des tarifs pour groupes sur vols de ligne, vols sur lesquels les individualistes peuvent obtenir des prix intéressants. Au départ du Canada, la formule ABC propose 18 jours à Manille avec, en option, prolongation jusqu'à Bangkok, Singapour, Hong Kong.

La plupart des touristes se décident plutôt pour la formule du «tour» (voyage en avion de ligne, bons hôtels, visites organisées, etc.). Mais le séjour en Thaïlande est souvent réduit au profit d'une tournée des métropoles d'Asie du Sud-Est. En outre, votre agent de voyages est en mesure d'étudier toute formule de voyage «sur mesure» pour les individualistes (vous voyagez en groupe à l'aller et au retour et seul le reste du temps). C'est la bonne solution si vous désirez sortir des sentiers battus et vous dégager de la trilogie Bangkok–Pattaya–Chiang Mai. Il est possible de combiner un tour de la Thaïlande avec un séjour balnéaire à Pattaya ou à Phuket.

PAR BATEAU

Faute de clientèle, l'offre s'est rétrécie, telle la peau de chagrin. Si vous pouvez vous payer le luxe de mettre plusieurs semaines pour atteindre votre lieu de destination en Asie du Sud-Est, le mieux serait de consulter votre agent de voyages. Rares sont, en effet, les paquebots de ligne à toucher encore le port de Bangkok depuis l'Europe ou la côte occidentale de l'Amérique du Nord. Cependant, des navires de croisière relâchent à Bangkok et plus fréquemment à Singapour (croisières Tour du Monde). Ajoutons qu'il est parfaitement possible de gagner la Thaïlande en bateau et d'en revenir en avion ou vice-versa.

Quand y aller

Le pays jouit dans l'ensemble d'un climat tropical. On peut distinguer grosso modo trois saisons. La première, qu'on appelle sans ironie a Bangkok la «saison fraîche», va de novembre à février. Il fait alors «frais», surtout au nord de Bangkok ; les pluies sont rares, le degré hygrométrique bas. Mais, en fait, les températures sont généralement aussi élevées, sinon plus, que chez vous en été. C'est alors la bonne période pour visiter la Thaïlande. Ensuite vient la «saison chaude», de mars à mai. Le thermomètre indique souvent alors 35° C sous abri, surtout dans le Sud. Mai est particulièrement étouffant. Troisième saison, la mousson d'été règne de juin à octobre. Une humidité quasi équatoriale s'installe, sans que la température fléchisse. Il pleut presque chaque après-midi ou le soir, ce qui apporte une relative fraîcheur.

Températures moyennes et nombre de jours de pluie à Bangkok :

	J	F	M	A	M	J	J	A	S	O	N	D
Température	26	28	29	36	36	32	32	32	32	28	26	24
Jours de pluie	2	1	3	4	18	19	19	17	20	15	4	1

Pour équilibrer votre budget...

Voici quelques exemples de prix moyens pratiqués en Thaïlande, exprimés en *baht*. (B.). Du fait de l'inflation, il s'agit de prix *indicatifs*.

Aéroport. Limousine de service, du terminal international au centre-ville B.300 (taxi B.200), du terminal interne B.150 (à peine moins en taxi). Taxe d'embarquement, B.150 pour les vols internationaux, B.20 pour les vols internes.

Autobus et autocars. bus urbains B.2, bus climatisés (périmètre urbain) B.5–15. Car climatisé Bangkok-Pattaya (aller simple) B.150 (transporteurs privés; départ des principaux hôtels). Car climatisé Bangkok-Phuket (aller simple) B.299–350 (transporteurs privés).

Circuits organisés. Matinée au marché flottant B.220–300; excursion d'un jour sur le Menam, jusqu'à Ayuttahaya B.600–700 (déjeuner compris).

Coiffeurs (dans les hôtels de luxe; prix considérablement plus bas ailleurs). *Dames:* coupe B.320, shampooing et mise en plis B.220. *Messieurs:* coupe B.100, rasage B.100, shampooing B.100.

Distractions. Boîtes de nuit B.150–300 environ (show et 2 boissons).

Excursions en bateau. Pirogues «à longues queues» ou bateau à moteur B.280 l'heure (à débattre). Minicroisière privée (2 h.) sur les canaux B.300–350 par bateau.

Hôtels (chambre double avec bains, air conditionné). *Cat. économique* B.900–1200; *cat. touriste* B.1200–1500; *Ire cl.* à partir de B.1500; *cat. luxe* B.2500–4000. Service (10%) et taxes (11%) en sus. (Prix de haute saison – déc. à mars; le reste de l'année: sensiblement moins cher.)

Location de voitures (agences internationales). *Toyota Corolla 1300/Nissan Sunny 1200;* B.770/jour, B.5400/semaine (kilométrage illimité). *Toyota Corona/Nissan Bluebird;* B.880/jour, B.6200/semaine (kilométrage illimité). *Toyota Crown 200 avec chauffeur:* B.220/heure.

Massages. B.200–300 par heure, plus extras.

Repas et boissons. Petit déjeuner à l'hôtel B.265, déjeuner B.320, dîner B.390–500; service (10%) et taxes (8,25%) inclus. Bière (locale) B.40–90, vin (importé) B.300–600 la bouteille.

Taxis. B.50–100 dans le centre de Bangkok (taxis des hôtels: tarifs deux fois plus élevés).

Trains: Express Bangkok–Hat Yai: 1re cl. aller simple B.904, aller–retour B.1808; 2e cl. aller simple B.343, couchette B.443. Express Bangkok–Chiang Mai: couchette (2e cl.) aller-retour B.770.

Informations pratiques classées de A à Z pour un voyage agréable

> Une étoile (★) renvoie à la liste de prix donnée à la page 107.
> Les rubriques les plus importantes sont suivies d'un certain nombre d'expressions ou de mots clefs en langue thaïe.

A

ADRESSES. 131 soi Tien Sieng, South Sathorn Road. A première vue, les adresses thaïlandaises semblent indéchiffrables. Ne vous découragez cependant pas. La solution est bien simple. *Soi* indique une voie secondaire. Commencez donc par chercher l'artère principale (ici, South Sathorn) avant de dénicher la rue, la ruelle ou le passage qui en dépend. N'oubliez pas qu'il existe également des voies plus petites débouchant sur ces rues de traverse.

AEROPORT★. L'aéroport international de Don Muang (tél. 286-0190/ 1–9), au nord de Bangkok, est le principal accès à la Thaïlande.

Les terminaux d'arrivée et de départ répondent aux normes internationales les plus sévères. Les passagers trouveront, à l'arrivée, une boutique hors taxes dans la zone même de la douane. Douane et immigration sont à la fois efficaces et rapides. Toutes sortes de services, tels que porteurs, taxis *(limousines),* stands d'information des hôtels ainsi qu'un bureau de l'Office National du Tourisme de Thaïlande sont à disposition, vingt-quatre heures sur vingt-quatre, dans le hall d'arrivée. Les appels locaux sont gratuits depuis les cabines téléphoniques des halls d'arrivée et de départ.

Les taxis qui ne sont pas immatriculés avec des plaques jaunes sont à éviter, car ils ne correspondent pas aux exigences techniques légales. Les bus, avec air conditionné, desservent le terminal, mais ils sont généralement plus lents, quoique meilleur marché, que les *limousines.* La durée du trajet entre l'aéroport et les hôtels varie entre 45 min. et 1 h. 30.

Les personnes se rendant à Pattaya prendront un car (climatisé) direct à l'aéroport (le trajet Don Muang–Pattaya dure 3 h.) ou le train.

Lignes intérieures. Bien que les autocars et les trains soient en principe confortables, l'avion demeure le moyen de transport le plus agréable et le plus rapide (quoique onéreux) pour les déplacements dans le nord et le sud du pays. Des lignes intérieures assurent des services fréquents vers la province: Chiang Rai au nord, Phuket à l'ouest, et Hat Yai au sud

AMBASSADES. Nous avons établi une liste d'ambassades. Pour plus de détails, consultez les pages jaunes de l'annuaire téléphonique de Bangkok, à la rubrique *Embassies, Consulates & Legations*. Pour les questions de visa, adressez-vous à n'importe quel bureau de l'Office du Tourisme thaïlandais ou au Service d'Immigration du gouvernement (tél. 286-9065). Les représentations diplomatiques n'ouvrent généralement que le matin.

Belgique: 44, soi Phya Piphat, près de Silom Road, tél. 233–0840/1

Canada: Boonmitr Building, 138, 11ᵉ étage, Silom Road, tél. 234-1561/8

France: 35, Custom House Lane, New Road, tél. 234-0950/7

Suisse: 35, North Wireless Road, tél. 25301 56/60.

ARGENT. L'unité monétaire thaïlandaise est le *baht* (abrégé B.), divisé en 100 *satang*. On trouve des billets de 10, 20, 50, 60, 100 et 500 baht, ainsi que des pièces de 25 et 50 satang et de 1, 2 et 5 baht. Il existe deux pièces de un baht de dimensions différentes (dont une seulement peut être utilisée dans les cabines téléphoniques).

Banques et bureaux de change. En général, ce sont les banques qui pratiquent les taux de change les plus intéressants. On peut y convertir facilement devises et chèques de voyage. N'oubliez pas de vous munir de votre passeport pour ce genre de transaction. Des *tuk-tuk* ou minibus aménagés en bureaux de change circulent dans le centre de Bangkok, ainsi qu'à Pattaya, Phuket et Chiang Mai. Lorsque les banques sont fermées, vous pouvez changer de l'argent à votre hôtel ou dans les boutiques portant la mention *Money Changer*.

Bien que banques et bureaux de change acceptent les francs, le dollar américain reste la valeur la plus sûre en Thaïlande; il est bon de s'en souvenir au moment d'acheter chèques de voyage ou devises dans son pays. Il est également recommandé d'avoir sur soi une bonne réserve de dollars – ils aplanissent souvent les difficultés et sont facilement convertibles, même en province.

Cartes de crédit. Les grands hôtels, restaurants et magasins sont habitués aux cartes de crédit internationales les plus courantes.

Prix. Pour avoir une idée du prix des choses, reportez-vous à la rubrique POUR ÉQUILIBRER VOTRE BUDGET, page 107. En raison des lourdes taxes pratiquées dans les hôtels, les restaurants et les lieux de loisirs, la Thaïlande est moins avantageuse pour le touriste que par le passé. Les produits importés sont toujours chers. En revanche, les transports, notamment les autobus, sont bon marché. La cuisine thaï-

A landaise ou chinoise peut être très économique, mais certains ingrédients, le type de mets et le décor augmentent considérablement les prix. Dans les restaurants, le produit le plus onéreux est le vin. Cependant, la bière thaïe et même le médiocre whisky local sont très abordables. Vous pourrez réaliser une affaire en achetant des objets d'artisanat ou, si vous êtes connaisseur, des pierres précieuses. Voir p. 87.

Marchandage. Malgré la gêne qu'il suscite chez nombre d'étrangers, le marchandage est une pratique courante dans divers domaines de la vie thaïlandaise. Par exemple, on négocie toujours le prix d'une course en taxi. Dans les boutiques de souvenirs et autres magasins, ce genre d'opération prend plus de temps; les hôtels eux-mêmes pratiquent parfois différents tarifs. Celui que le marchandage agace peut toujours accepter le premier chiffre mentionné (ce qui éberluera le marchand) ou encore prendre un taxi de l'hôtel à prix fixe qui le conduira dans un grand magasin où les prix marqués sont une garantie de sérieux.

AUTOBUS★. Un très bon réseau d'autobus dessert Bangkok. Les tarifs sont bas et le service est le meilleur que l'on puisse espérer dans une métropole encombrée. Quoique de vieux bus exigus soient encore en circulation, les nouveaux modèles climatisés (tarifs spéciaux sur certains trajets) sont de haute qualité. Si, par économie, vous préférez les autobus aux taxis, achetez un plan de Bangkok où sont indiquées toutes les lignes du réseau. La ligne qui dessert les sites importants, les grands hôtels, les gares et les centres commerciaux est adaptée au tourisme. Les autobus portent tous le numéro de leur ligne en chiffres arabes, mais les destinations sont données en thaï. A l'intérieur, un receveur viendra vous vendre un billet à prix fixe.

Les liaisons interurbaines sont assurées par toutes sortes d'autocars, de l'ancêtre cahotant au dernier modèle climatisé et confortable (tarifs à l'avenant). Sur les itinéraires très fréquentés, tels que Bangkok–Pattaya, diverses compagnies d'autocars de luxe assurent des services fréquents.

Où se trouve l'arrêt d'autobus? **Pai rod may yu ti nai**

B **BLANCHISSERIE et TEINTURERIE.** La plupart des hôtels assurent un service de blanchissage en vingt-quatre heures ou même en quatre heures à des tarifs spéciaux. Le nettoyage à sec des vêtements prend deux jours à moins de spécifier «service exprès» (un délai réduit de moitié entraîne un supplément de 50%). En outre, l'annuaire des téléphones contient une liste des blanchisseries et teintureries à la rubrique *Laundries*. Il existe maintenant en Thaïlande quelques laveries publiques dotées de machines semi-automatiques.

CALENDRIER et DECALAGE HORAIRE. Bien que la Thaïlande ait officiellement adopté le calendrier occidental de douze mois, le calendrier lunaire traditionnel est toujours en vigueur pour les cérémonies et les activités culturelles. Les grandes fêtes tombent en général pendant la pleine lune.

Le calendrier lunaire débute en 543 av. J.-C., l'année de la naissance de Bouddha. Ainsi, l'année 2523 E.B. (ère bouddhique) correspondait à l'année 1980 de notre ère.

Le week-end, les affaires battent leur plein. Seules les administrations et les sociétés étrangères sont au repos, leurs employés pratiquant la semaine de cinq jours.

Bangkok vit toute l'année à l'heure G.M.T. + 7 et ne connaît pas, par conséquent, le système de l'heure d'été tel que nous le pratiquons en Europe occidentale. Le tableau suivant indique les heures d'hiver dans diverses villes:

Bangkok	Genève	Paris	Montréal
midi	6 h.	6 h.	minuit

CAMPING. Aucun terrain n'est aménagé à cet effet en Thaïlande. Aussi est-il peu prudent de camper dans ce pays. En revanche, de nombreux bungalows sont à louer aux abords des plages.

CARTES. L'Office National du Tourisme de Thaïlande (T.A.T.) délivre gratuitement des plans d'autobus et des plans indiquant les sites remarquables de Bangkok. Des plans plus détaillés de la capitale et des cartes de la Thaïlande sont vendus dans les hôtels et chez les marchands de journaux. On peut également se procurer d'intéressantes cartes consacrées aux canaux et aux marchés de Bangkok.

CIGARETTES, CIGARES, TABAC. Les cigarettes thaïlandaises, avec ou sans filtre, sont vendues dans de nombreux kiosques – en paquet ou à l'unité. Les marques étrangères, beaucoup plus chères, sont proposées au marché noir. Mais on trouve facilement une grande variété de tabacs à pipe et de cigares d'importation dont le commerce est légal. Si vous aimez le changement, essayez les cigares aromatisés du nord du pays, enveloppés dans de jeunes feuilles de bananier; les graines séchées du tamarinier sont le secret de leur parfum.

C   Utilisez avec prudence les allumettes thaïlandaises. Il est préférable de les frotter vers l'extérieur car l'extrémité se détache parfois.

Un paquet de cigarettes, s.v.p.	**bu ri nung song**
Une boîte d'allumettes, s.v.p.	**mai keet nung krong**
avec filtre/sans filtre	**mi kone krong/mai mi kone krong**

CIREURS. Le mieux est de tenter votre chance et de laisser vos chaussures à la porte de votre chambre d'hôtel. Les échoppes de cireurs n'existent pas et les cireurs itinérants, que l'on voit généralement dans les restaurants, sont rares.

COIFFEURS★. Une enseigne rayée rouge et blanc indique aussi bien un coiffeur pour messieurs que pour dames. Les salons des grands hôtels pratiquent en général des prix plus élevés, mais ils offrent deux avantages: on sait y coiffer les cheveux des étrangers et on est susceptible d'y parler un peu l'anglais. En Thaïlande, une simple coupe est déjà une expérience des plus plaisantes qui mérite d'être vécue.

coupe	**tad pom**
shampooing – mise en plis	**sa lae set**
brushing	**pao**
coloration	**yorm pom**

CONDUIRE EN THAILANDE. Comme dans beaucoup de pays d'Asie, on est... censé conduire à gauche en Thaïlande. A Bangkok, la circulation est terrifiante en raison des encombrements chroniques; l'affluence dure presque toute la journée. En dehors de ville, sur les routes nationales, les conducteurs insouciants et décontractés font leurs propres règles. Ils ont tendance à utiliser la partie de la route qui leur convient, quand bien même cela mènerait une autre voiture dans le fossé! Une fois les usages locaux assimilés – vous avez peu de droits seulement des craintes et des doutes – il est inutile de rappeler une extrême prudence. Faites attention, dans les rues à sens unique, aux bus qui les empruntent à contresens! La limitation de vitesse officielle est de 40 km/h. dans les villes et de 80 km/h. sur les routes.

Essence. On trouve facilement de l'essence ordinaire et du super.

Pannes. En cas de panne, contactez la compagnie de location de votre véhicule. En cas d'urgence, appelez le centre de police responsable des patrouilles sur l'autoroute, au 281-6240/41.

Signalisation routière. En Thaïlande, de nombreux signaux routiers sont plus ou moins conformes aux normes internationales. Les limitations de vitesse sont toujours indiquées en chiffres arabes.

| Au secours! | **chuey duey** | Accident | **u bat hed** |
| Police! | **tam ruat** | Crevaison | **yang baen** |

COURANT ELECTRIQUE. La Thaïlande est équipée en 220 volts, 50 cycles.

COUTUMES et TABOUS. Une méconnaissance de la sensibilité thaïlandaise peut être source de nombreux impairs. La monarchie est extrêmement vénérée. Aussi le plus petit signe d'irrespect, même accidentel, peut avoir de graves conséquences.

La religion tient une grande place dans la vie des Thaïs. Lorsque vous visitez un temple, habillez-vous correctement. Gardez vos chaussures, que vous retirerez cependant avant d'entrer dans un sanctuaire. N'ayez jamais un geste irrévérencieux pour un objet religieux et soyez toujours respectueux envers les religieux bouddhistes (il ne faut pas donner d'argent à un moine; en revanche, vous pouvez lui offrir une cigarette. Avec eux, vous pourrez parler de votre pays et de votre religion, mais jamais de politique. Les femmes n'ont pas le droit de pénétrer dans certains temples et ne doivent en aucun cas effleurer un moine ou un novice.

La tête est une partie sacrée du corps; il ne faut donc pas la toucher. Ne pointez pas vos pieds vers quelqu'un (surtout dans les temples où vous verrez les croyants en prière les dissimuler sous eux) et ne vous en servez pas pour pousser le battant d'une porte. Gardez toujours votre calme et ne soyez pas exubérant (évitez les remerciements bruyants). Enfin, malgré la réputation de Bangkok, il faut savoir que les démonstrations d'affection en public entre les sexes (aussi innocentes que marcher la main dans la main) sont tout à fait déplacées.

DOUANE et FORMALITES D'ENTRÉE. Les ressortissants de la plupart des pays doivent obtenir un visa de tourisme pour séjourner plus de quinze jours en Thaïlande. Il est préférable de contacter une agence de voyages ou un consulat thaïlandais pour connaître les toutes dernières réglementations. Les touristes jugés indésirables – c'est-à-dire les présumés «hippies» – peuvent se voir refuser l'entrée dans le pays ou être obligés de faire la preuve de leur autonomie financière. Tout visiteur peut avoir à prouver sa solvabilité en produisant l'équivalent

D de 10 000 baht (par personne) ou de 20 000 baht (par famille) à l'arrivée en Thaïlande (devises, chèques de voyage ou cartes de crédit).

Les touristes en provenance de régions contaminées doivent présenter des certificats de vaccination contre la fièvre jaune; il est particulièrement recommandé de se faire vacciner contre l'hépatite virale. Le paludisme subsiste à l'état endémique dans les zones rurales.

Le tableau suivant indique ce que vous pouvez importer en franchise en Thaïlande et rapporter dans votre pays:

Entrée en:	Cigarettes		Cigares		Tabac	Alcool		Vin
Thaïlande	200	ou	250 g.	ou	250 g.	1 l.	ou	1 l.
Belgique	200	ou	50	ou	250 g.	1 l.	et	2 l.
Canada	200	et	50	et	900 g.	1,1 l.	ou	1,1 l.
France	200	ou	50	ou	250 g.	1 l.	et	2 l.
Suisse	200	ou	50	ou	250 g.	1 l.	et	2 l.

L'importation de devises étrangères n'est soumise à aucune restriction, mais vous êtes tenu de déclarer les sommes dépassant l'équivalent de US$10 000. En revanche, les touristes ne sont pas autorisés à exporter plus de US$10 000 ou un montant équivalent en monnaies étrangères (à moins qu'une déclaration ait été établie à l'arrivée pour un montant supérieur).

L'importation d'argent local ne doit pas excéder 2000 baht par personne (4000 baht par famille) et l'on ne peut quitter le pays avec plus de 500 baht par personne (1000 baht par famille).

Déclarez tout objet en or à votre arrivée, sans quoi vous risqueriez de vous le faire confisquer au départ.

Notez qu'il est interdit de sortir de Thaïlande toute représentation de Bouddha ou d'autres divinités; les vendeurs mentionnent rarement ce détail à leurs clients étrangers. Il est également impossible d'exporter des objets anciens sans l'autorisation du Département des Beaux-Arts (deux ou trois semaines de démarches). Les marchands devraient être en mesure de s'occuper de ces formalités; sinon, prenez directement contact avec le service concerné à l'adresse suivante:

Musée national, Département des Beaux-Arts, 4 Na Phratatu Road,
114 tél. 222-1831.

DROGUE. En Thaïlande, la police traque les trafiquants qui tentent d'*exporter* illégalement des stupéfiants à des fins commerciales. Le recel ou la vente d'héroïne ou de drogues similaires aboutit à des peines de prison allant de cinq ans à la détention à vie (étrangers) ou à la peine capitale (Thaïlandais), et à une amende pouvant atteindre un demi-million de baht. Pour le recel, la vente ou la consommation de marijuana ou d'une drogue similaire, l'on est passible d'une peine de prison de six mois au maximum. L'ignorance de la loi thaïlandaise n'est pas une circonstance atténuante dans les affaires de drogue.

EAU. En Thaïlande, ne buvez jamais l'eau du robinet. Dans la plupart des chambres d'hôtel, vous disposerez d'une bouteille ou d'une carafe d'eau purifiée. Les restaurants bien tenus servent de l'eau en bouteille et de la glace également purifiée. En revanche, soyez méfiant dans les buvettes le long des routes. Si vous avez un doute, insistez pour avoir de l'eau en bouteille, une boisson non alcoolisée ou de la bière sans glace.

Une bouteille d'eau potable.   **nam dum nung khuad**

EXCURSIONS EN BATEAU★. Quoique onéreux, les circuits organisés en bateau permettent de circuler agréablement sur le Ménam et le long des canaux de Bangkok. Si vous préférez les visiter par vous-même – et faire des économies –, prenez le bus fluvial (bateau *baht*); le voyage d'environ une heure en amont ou en aval du grand Chao Phya ne coûte que quelques baht. Pour explorer les canaux, on peut louer des bateaux «à longue queue» *(hang yao)* aux embarcadères situés au bout des ruelles encadrant l'Hôtel Oriental; discutez le prix au préalable! D'autres bateaux assurent également la visite des canaux. Ils sont amarrés à l'embarcadère situé près du pont au: 2662, New Petchburi Road.

Le spectacle est magnifique juste avant le coucher du soleil. Voir GUIDES ET CIRCUITS ORGANISÉS.

GARDE D'ENFANTS. Dans la plupart des hôtels, la réception se chargera de vous trouver une femme de chambre qui accepte de garder vos enfants pour un prix raisonnable. La garde demandera éventuellement un supplément afin de rentrer chez elle en taxi. Si ces personnes ne parlent en général que le thaï, certaines d'entre elles savent parfois quelques mots d'anglais.

G **GUIDES et CIRCUITS ORGANISES★.** La florissante industrie du tourisme à Bangkok a conçu des vingtaines d'excursions, depuis la traversée en bateau du marché flottant jusqu'aux très sérieuses visites archéologiques. L'annuaire du téléphone comporte huit pages d'agences à la rubrique *Travel Bureaus*. Pour trouver un interprète, il faut consulter les pages jaunes de l'annuaire sous *Translators and Interpreters*. Evitez les guides non autorisés qui vous arrêtent dans la rue et proposent de vous montrer Bangkok (voir RABATTEURS).

H **HABILLEMENT.** Sous les tropiques, il n'y a rien de mieux que les vêtements de coton. Un chandail léger vous sera utile si vous projetez un voyage dans les montagnes du Nord; autrement, les seuls endroits où l'on peut éprouver le besoin de se couvrir un peu sont les restaurants climatisés à l'excès (certains ont d'ailleurs prévu cet inconvénient et offrent à leurs clients une pièce d'étoffe en guise de châle).

Toute tenue impudique est à éviter absolument: pas de shorts, que ce soit en ville ou lors de visite de monastères. Les femmes en décolleté attireront les regards... pas toujours admiratifs. Les Thaïlandais n'ont pas l'habitude de découvrir leur corps, excepté sur les plages. En revanche, ils ne sont pas stricts du tout sur les tenues de soirée. Le port du veston et de la cravate n'est plus exigé pour pénétrer dans le Grand Palais; il en est de même pour la plupart des restaurants et boîtes de nuit. (Il faut savoir qu'une personne à l'allure extrêmement «hippie» peut se voir refuser l'entrée en Thaïlande.)

HORAIRES

Administration: de 8 h. 30 à midi et de 13 h. à 16 h. 30, du lundi au vendredi.

Banques: de 8 h. 30 à 15 h. 30, du lundi au vendredi.

Boutiques: elles ouvrent le matin de bonne heure jusqu'à 19 h. ou 20 h. et bien souvent sept jours sur sept.

Bureaux de poste: la poste centrale de Bangkok ouvre de 8 h. à 20 h. du lundi au vendredi, de 8 h. à 13 h. le week-end et les jours fériés. Les bureaux de quartier sont ouverts de 8 h. à 18 h. du lundi au vendredi et de 8 h. à 13 h. le week-end et les jours fériés.

Bureau des télégrammes: installé dans la poste centrale, il est ouvert jour et nuit toute la semaine.

Grands magasins: de 10 h. environ à 20 h. (généralement 22 h. à **116** Bangkok), tous les jours, dimanche compris.

Musées: de 9 h. environ à midi et de 13 h. à 16 h. 30 tous les jours sauf les lundi et vendredi à Bangkok et les lundi et mardi en province.

HOTELS★ et LOGEMENT. A Bangkok, l'offre et la demande de chambres d'hôtel ne s'équilibrent pas toujours; il est donc recommandé d'effectuer ses réservations à l'avance. La capitale possède plus de 12 000 chambres jugées convenables pour des étrangers; les visiteurs parcimonieux ou aventureux logeront dans l'un des nombreux hôtels indigènes sans prétention. Les plus modestes des établissements «corrects» sont totalement climatisés et possèdent pour la plupart piscine et autres commodités. Au sommet de l'échelle, dans les hôtels de classe internationale, les clients pourront apprécier tous les agréments du grand luxe, de l'architecture typique et des restaurants de classe aux zoos ou embarcadères privés.

On trouve de grands hôtels de style international dans les stations balnéaires et les métropoles régionales telles que Chiang Mai et Hat Yai.

Dans les villes de province plus petites, les équipements sont souvent beaucoup plus rudimentaires – mais les tarifs sont en conséquence. Il est préférable de se renseigner au préalable sur les prix des chambres et sur les suppléments; dans la plupart des établissements, taxes et service sont comptés en sus.

Auberges de jeunesse. A part les auberges gérées par des organisations telles que la Youth Men's Christian Association (YMCA – Association Chrétienne des Jeunes Gens), il n'existe aucun moyen d'hébergement spécialement destiné aux jeunes.

JOURNAUX et REVUES. Pour ceux qui savent bien l'anglais, *The Nation* et *Bangkok Post* sont les grands journaux qui paraissent tous les jours à Bangkok. Ils complètent une large gamme de quotidiens thaïlandais et chinois. Quant aux journaux européens, vous pourrez en acheter dans les hôtels et les librairies qui vendent aussi nombre de livres et de revues.

JOURS FERIES. Les dates de nombreuses fêtes thaïlandaises dépendent du calendrier lunaire; elles varient donc d'une année à l'autre. Si les banques et les administrations ferment ces jours-là, la vie quotidienne ne s'en trouve pas nécessairement troublée. La seule exception est celle du Nouvel An chinois – jour non férié en Thaïlande – où la plupart des commerces ferment. Voir aussi CALENDRIER ET DÉCALAGE HORAIRE.

J

1er janvier	Nouvel An
1er mai	Fête du Travail
5 mai	Anniversaire du Couronnement
12 août	Anniversaire de la reine
23 octobre	Fête de Chulalongkorn, en l'honneur de Rama V
5 décembre	Anniversaire du roi et Fête nationale
10 décembre	Fête de la Constitution
31 décembre	Saint-Sylvestre (partiellement observée)
Fêtes mobiles	Nouvel An chinois (partiellement observé)
	Maka Puja, commémoration du rassemblement historique au cours duquel Bouddha prêcha la doctrine bouddhique
	Fête des Chakri, en l'honneur de Rama Ier
	Fête de Songkran, fête de l'Eau, autrefois Nouvel An thaï
	Visakha Puja, anniversaire de la naissance, de l'illumination et de la mort de Bouddha
	Asalaha Puja, anniversaire du premier sermon de Bouddha
	Khao Phansa, 1er jour du Carême bouddhique

L   **LANGUE.** L'anglais étant couramment utilisé dans les hôtels et les magasins – c'est la langue occidentale la plus parlée en Thaïlande –, nous avons utilisé dans ce guide une transcription phonétique fondée sur la prononciation à l'anglaise. D'autre part, nous avons parfois donné la traduction anglaise de certains lieux ou monuments, de façon à vous orienter facilement. Nous nous en sommes également tenus, selon l'usage, à la version anglaise des noms de rues.

Mais que cela ne vous empêche pas d'apprendre quelques expressions courantes en thaï (voir ci-dessous). Le thaï parlé à Bangkok est compris partout dans le pays, mais il existe de nombreux dialectes et sous-dialectes. De plus, plusieurs autres langues sont répandues, comme le *lao* dans le Nord-Est, le malais dans le Sud et le teotchiou, dialecte dérivé du chinois, en diverses régions. Comme le chinois, le thaï utilise diverses intonations pour différencier des mots identiques, ce qui rend son apprentissage difficile; chaque syllabe peut avoir jusqu'à cinq significations différentes selon la façon dont elle est «chantée». La langue écrite, qui ressemble à celle du Sud de l'Inde, comporte 44 consonnes et des douzaines de voyelles, diphtongues et accents. S'il vous reste encore du courage, apprenez le *rachasap*, langue spéciale utilisée exclusivement pour parler des membres de la famille royale ou pour s'adresser à eux!

Formule de salutation générale (bonjour, bonsoir, bonne nuit, au revoir)	**sawaddi krap** (dit par les hommes) **sawaddi ka** (dit par les femmes)
Merci	**kob khun**
S'il vous plaît	**ka ru na** (en général sous-entendu plutôt que prononcé)
Au revoir	**la gawn** ou **sawaddi krap** (dit par les hommes) **sawaddi ka** (dit par les femmes)

LOCATION DE CYCLES et DE MOTOCYCLES. Avec une bicyclette de location, vous pourrez vous promener sur la grande esplanade Pramane (que les Thaïlandais appellent Sanam Luang). En revanche, évitez de pédaler dans les rues de Bangkok où la circulation est démentielle.

Dans les stations balnéaires de Pattaya ou de Phuket, c'est à la réception d'un hôtel ou dans une agence de voyages que l'on vous louera cycles et motos: un bon moyen de découvrir des plages écartées. A Chiang Mai, le vélo est idéal pour explorer la ville; adressez-vous à l'Office du Tourisme local.

LOCATION DE VOITURES★. Pour louer une voiture, il faut avoir 21 ans et posséder un permis de conduire international. On pourra vous demander de laisser une caution égale au coût estimé de la location, Les grandes agences, cependant, dispensent de cette caution les personnes munies d'une carte de crédit.

Dans la plupart des agences, l'assurance n'est pas comprise dans la location. Elle est incluse, cependant, lorsque la voiture est louée avec chauffeur. D'autres maisons proposent une assurance à la journée en supplément. Voir aussi CONDUIRE. **119**

O **OBJETS PERDUS.** En cas de perte d'un objet, adressez-vous d'abord à la réception de votre hôtel. Faites ensuite une déclaration au poste de police le plus proche ou, dans la capitale, au Centre d'assistance touristique (voir OFFICE DU TOURISME).

OFFICES RELIGIEUX. Quatre-vingt-treize pour cent des Thaïlandais sont d'obédience bouddhiste theravada, mais l'islam, le christianisme, l'hindouisme et d'autres religions sont également représentés. A Bangkok, les visiteurs étrangers trouveront les horaires des offices catholiques et protestants (ainsi que les adresses utiles) dans l'édition du samedi du *Bangkok Post*. Une liste plus complète est donnée à la rubrique *Churches* dans l'annuaire des téléphones.

OFFICE DU TOURISME. L'Office National du Tourisme de Thaïlande (T.A.T.) a installé un bureau d'information dans le hall d'arrivée de l'aéroport de Bangkok. Vous pourrez également obtenir des dépliants, des cartes et demander des conseils au rez-de-chaussée du siège de la T.A.T., à :

Ratchadamnoen Nok Ave., près du stade Ratchadamnoen, Bangkok 10 100, tél. 282-1143/7.

C'est à cette même adresse que vous trouverez le Centre d'assistance touristique *(Tourist Assistance Centre)*, dont le personnel est en mesure de vous aider dans n'importe quelle situation. Appelez, jour et nuit, le 281-5051 ou le 281-0372.

L'Office du Tourisme est également implanté à Chiang Mai, Kanchanaburi, Nakhon Ratchasima (Korat), Pattaya, Hat Yai et à Phuket. Chaque agence vous fournira des renseignements et des cartes concernant la région dans laquelle elle est fixée. Le bureau de Chiang Mai est à :

135, Praisani Road, tél. 235-334.

En Europe, l'Office National du Tourisme de Thaïlande possède une représentation en France :

90, Champs-Elysées, 75008 Paris, tél. (1) 45628748.

P **PHOTOGRAPHIE.** Les flèches dorées, le ciel bleu, les champs verts et les fleurs luxuriantes de Thaïlande imposent la photo en couleurs. On trouve facilement les marques et les formats courants. On peut faire **120** développer ses films en une heure (service exprès) ou en cinq heures (service standard). Si vous préférez les envoyer dans votre pays, vous pourrez bénéficier du tarif «petit paquet».

Un spectacle spécial – comprenant danse classique, combat à l'épée et boxe thaïe – est organisé pour les photographes le jeudi et le dimanche matin à l'Hôtel Oriental. Nombreuses sont les autres occasions de filmer ces diverses attractions, mais jamais dans des conditions aussi parfaites.

Attention! Pas de truquage, lorsque vous prenez des photos de Bouddha, d'objets religieux ou même de vestiges archéologiques isolés et délabrés. Par exemple, ne photographiez jamais quelqu'un touchant une statue. Les Thaïlandais seraient choqués et pourraient vous accuser d'irrévérence. Aussi, mieux vaut demander conseil à votre guide lorsque vous voudrez faire une photo d'un temple ou d'un édifice religieux.

POLICE. A Bangkok, une branche spéciale de la police opère dans les quartiers très fréquentés – près des sites touristiques et des grands hôtels. Plus de 100 officiers, tous polyglottes, sont là pour protéger ou aider les étrangers. Ils portent un uniforme beige de style militaire avec, aux épaules, la mention *Tourist Police*.

Où se trouve le poste de police?   **sa ta ni tam ruat yu ti nai**

POSTES ET TELECOMMUNICATIONS. Les heures d'ouverture des postes sont indiquées à la rubrique HORAIRES. Des bureaux de poste sont répartis dans tout Bangkok; les visiteurs en trouveront également à l'aéroport de Don Muang et dans les grands hôtels. Le bureau central est situé dans New Road près de l'Hôtel Oriental. En ville, vous pourrez jeter votre courrier dans de grandes boîtes aux lettres rouges.

Courrier. Les lettres et cartes postales par avion mettent de quatre jours à une semaine pour parvenir en Europe ou au Canada. Le courrier par voie terrestre ou maritime prend au moins cinq semaines. Les paquets expédiés à l'étranger doivent être présentés pour contrôle au guichet des douanes, à l'intérieur du bureau de poste, avant d'être emballés en présence d'un inspecteur. Un guichet spécial assure, à la demande, des emballages solides.

Si vous ignorez encore votre adresse en Thaïlande, faites expédier votre courrier poste restante à la poste centrale *(General Post Office)*. Dans la partie réservée aux transmissions télégraphiques, un guichet poste restante traite exclusivement les télégrammes.

Vous devrez présenter votre passeport et payer une petite taxe pour chaque lettre reçue.

P **Télégrammes.** Les bureaux de poste de quartier acceptent les télégrammes; mais pour envoyer un télex ou un câble à n'importe quelle heure du jour ou de la nuit, rendez-vous à la poste centrale de New Road; le service des télécommunications (au rez-de-chaussée) est ouvert vingt-quatre heures sur vingt-quatre.

Téléphone. Lorsque vous téléphonez à l'étranger, faites le numéro directement ou demandez-le à la standardiste, au n° 100; rendez-vous à la poste centrale (voir ci-dessus), à moins que vous ne vous adressiez au standard de votre hôtel, mais vous risquez alors de recevoir une facture exorbitante (même pour les communications locales).

Dans la rue, les nouvelles cabines téléphoniques comportent des instructions en thaï et en anglais. Les annuaires existent aussi dans ces deux langues. Sachez que les abonnés thaïlandais apparaissent dans l'ordre alphabétique sous leur prénom et non sous leur patronyme. Pour les renseignements, composez le 13.

POURBOIRES. Vous n'êtes nullement tenu de «donner la pièce» dans les petits restaurants et snacks de style local. Cela dit, mieux vaut ne rien laisser du tout que d'offrir royalement un baht, ce qui serait ressenti comme une insulte. A noter d'autre part qu'on ne remet pas de pourboire aux chauffeurs de taxi, d'ordinaire. Quelques suggestions:

Coiffeur dames	10%
Coiffeur messieurs	15%
Femme de chambre, par semaine	B.50 (facultatif)
Guide	15% (facultatif)
Porteur	B.10
Préposée aux lavabos	B.5
Serveur	10% (pourboire inclus dans l'addition)

R **RABATTEURS.** A Bangkok et, à un moindre degré, dans les grandes villes de province, les touristes sont souvent harcelés par des rabatteurs, vendeurs au marché noir et proxénètes. Si certains ensorcellent par leur charme, d'autres se rendent odieux par leur insistance. La meilleure attitude: sourire et passer son chemin.

Pour trouver un guide sérieux, adressez-vous à une agence de voyages. Pour être conseillé dans vos achats, consultez l'*Official Shopping Guide*, brochure publiée par l'Office du Tourisme thaïlandais.

RECLAMATIONS. En cas de contestation dans un hôtel, un magasin, une organisation ou même avec un particulier, il est important de toujours garder son calme. Si une réclamation directe n'aboutit pas, consultez l'Office du Tourisme. En cas de difficulté sérieuse, adressez-vous à la *Tourist Police* (voir POLICE), souvent à même de résoudre ce type de différend.

RENCONTRES. Si vous connaissez l'anglais, vous n'aurez aucun mal à entamer une conversation avec un Thaïlandais; nombre d'entre eux sont en fait ravis de pouvoir pratiquer cette langue. Méfiez-vous cependant des individus qui accostent les touristes dans la rue et se prétendent guides ou interprètes. Ils sauront vous faire dépenser de l'argent, et en gagner, ne serait-ce que la commission que leur donnent les marchands pour vous avoir conduit chez eux (voir aussi RABATTEURS).

Lorsque les Thaïlandais se rencontrent, ils se saluent d'un «wai», geste charmant et raffiné qui ressemble à un signe de prière.

Il ne faut pas confondre la vie libre des boîtes de nuit de Bangkok avec la vraie vie thaïlandaise. Les jeunes filles qui ne travaillent pas dans les bars ou établissements similaires ont tendance à être timides et conformistes. Elles sont de toute façon très surveillées.

SANTE et SOINS MEDICAUX. Ne vous laissez pas accabler par la chaleur. Si vous n'êtes pas habitué au climat tropical, ne sous-estimez pas le soleil de midi: il peut vous griller en une heure. Portez des vêtements légers et un chapeau. De plus, évitez de marcher pieds nus (vous pourriez attraper des vers). Pour écarter les risques de déshydratation, mettez beaucoup de sel dans vos aliments (les Thaïlandais salent leur limonade). Epargnez votre système digestif en vous initiant progressivement à la cuisine très pimentée.

Avant de partir pour la Thaïlande, il est bon de demander à son médecin des conseils de prévention contre le paludisme. Bien que cette maladie n'existe ni à Bangkok, ni dans les grandes villes, elle demeure endémique dans certaines régions du pays. Voir aussi DOUANE.

Les hôtels sont souvent en mesure de trouver un médecin. Autrement, vous pouvez recourir aux pages jaunes de l'annuaire des téléphones à la rubrique *Physicians & Surgeons MD*. L'annuaire comporte aussi une liste des dentistes sous le titre *Dentists*.

Un conseil: contractez une assurance spéciale qui couvrira d'éventuels frais de maladie et d'accident pendant la durée de vos vacances.

Les **pharmacies** ouvrent de 9 h. environ à 21 h. et plus tard dans certains quartiers. On y vend des médicaments étrangers, mais il est recommandé de vérifier la durée de validité figurant sur l'emballage. **123**

T **TAXIS★ et SAMLORS.** A Bangkok, il est inutile de siffler pour obtenir un taxi. Il suffit de regarder un chauffeur qui pilera devant vous. Les taxis sont si nombreux qu'ils en deviennent une plaie. Ils s'agglutinent près des hôtels et suivent les étrangers en promenade pour leur proposer leurs services.

Presque tous les taxis de la capitale arborent un compteur... qui n'est pratiquement jamais utilisé. Marchandez le prix de la course avant de monter. Le chauffeur s'en tiendra ensuite au prix fixé. C'est une question d'honneur. Il n'attend aucun pourboire. Pour éviter les contrariétés, demandez auparavant au réceptionnaire de votre hôtel d'écrire votre point de destination en thaï. Les Thaïlandais, en effet, comprennent rarement les étrangers lorsqu'ils prononcent des noms de rues et de lieux. Vous pouvez également demander à la réception de vous indiquer le tarif approximatif de la course; il dépend de la distance et de l'importance de la circulation. Muni de ces précieuses informations, vous aurez alors toutes les chances d'être mené avec diligence à bon port!

Si vous détestez marchander et si les efforts linguistiques vous effraient, prenez un taxi climatisé de l'hôtel. Les tarifs sont affichés; en général, ils sont deux fois plus élevés que ceux des taxis publics, mais les chauffeurs parlent souvent un peu l'anglais.

Certaines grandes villes de province n'ont pas de taxis classiques. Vous pourrez prendre un cyclo-pousse (voir ci-dessous), ou, pour les longs trajets, héler un minibus vide. Dans les deux cas, fixez le prix à l'avance.

Samlors ou **Tuk-Tuk.** Dans les rues de Bangkok, on voit filer ces petits véhicules bruyants qui se fraient toujours un passage dans la densité du trafic. Ils coûtent quelques baht de moins que les taxis ordinaires; négociez également le prix de la course avant de vous asseoir dans l'un de ces engins. Pratiques pour les petits trajets, ils offrent en plus l'attrait du dépaysement.

TELEVISION et RADIO. A Bangkok, il existe quatre chaînes de télévision en couleurs et en noir et blanc. Nombre de programmes sont étrangers, surtout américains, doublés en thaï. Pour les touristes, la colonie étrangère et les étudiants en langues, la bande son originale est retransmise simultanément à la radio, sur modulation de fréquence uniquement.

La radio nationale thaïlandaise diffuse chaque jour des programmes en anglais en début et en fin de matinée sur M.F., 97 mHz et sur G.O., 920 kHz.

TOILETTES. Entrez dans un hôtel ou dans un restaurant. Dans les établissements de luxe, les toilettes sont parfois gardées ; laissez dans ce cas un pourboire. A l'intérieur du pays, vous trouverez des cabinets à la turque.

Où sont les toilettes? **hong nam yu ti nai**

TRAINS ★ *(rod fai)*. Bien que les autocars climatisés soient souvent plus rapides, les chemins de fer thaïlandais donnent une bonne occasion de découvrir le pays. Prendre un train est dans le fond une aventure!

Il existe des voitures de 1re classe, climatisées et d'un luxe modéré, des wagons de 2e classe confortables (dont des couchettes sur réservation) et de vieux wagons-restaurants. Vous pourrez obtenir des renseignements sur les horaires et les tarifs dans une agence de voyages, à la réception de votre hôtel ou au bureau d'information de la grande gare de Hualompong.

Les trois principales gares de Bangkok sont Hualompong, sur Rama IV Road (qui dessert le Nord et le Nord-Est du pays, et le Sud par les express), Makkasan, sur Nikom Makkasan Road (pour l'Est) et Thonburi, sur Bangkok Noi, Rod Fai Road (pour les trains moins rapides en direction du Sud). Vous obtiendrez tous les renseignements utiles sur les chemins de fer en appelant le 223-7010/20.

URGENCES. Les grands hôpitaux assurent un service d'urgence jour et nuit :

Hôpital général de Bangkok – tél. 314-6771
Hôpital des Missions (adventiste) de Bangkok – tél. 281-1422
Hôpital Prommitr – tél. 392-1095/6
Hôpital de la Police, Rajdamri Road – tél. 252-8111.

Les villes de province disposent aussi d'hôpitaux très bien équipés. Voici d'autres numéros de téléphone, utiles en cas d'urgence :

Centre permanent d'assistance touristique (Bangkok)	281-0372/281-5051
Toutes urgences	191
Ambulance	281-1544
Centre de la police autoroutière	281-6240/41
Pompiers	281-6666 ou 199

VOLS. Il faut se méfier des pickpockets sur les places de marché bondées. Les voleurs de sacs, maintenant motorisés à Bangkok, disparaissent sur leur engin avant même que la victime ait conscience du

V délit. Ne tentez pas les voleurs en exhibant des bijoux ou des vêtements recherchés. Ne laissez jamais un objet irremplaçable dans une chambre d'hôtel (utilisez le coffre de l'établissement). Dans les stations balnéaires, il ne faut pas abandonner des objets de valeur sur la plage pendant la baignade. A Phuket, la police recommande aussi aux touristes de ne pas fréquenter les plages isolées où peuvent surgir des voleurs en maraude.

QUELQUES EXPRESSIONS UTILES

oui/non	**chai/mai chai**
pardon	**kho tot**
je vous en prie	**mai pen rai**
où/quand/comment	**ti nai/mua rai/yang rai**
combien de temps/à quelle distance	**nan tao rai/krai khae nai**
hier/aujourd'hui/demain	**mua wan ni/wan ni/prung ni**
jour/semaine/mois/année	**wan/sap da/duan/pi**
gauche/droite	**sai/khwa**
en haut/en bas	**bon/lang**
bon/mauvais	**di/mai di**
grand/petit	**yai/lek**
bon marché/cher	**mai paeng/paeng**
chaud/froid	**run/yen**
ancien/nouveau	**kao/mai**
ouvert/fermé	**poed/pid**
Y a-t-il quelqu'un qui parle anglais/français?	**ti ni mi kai pud pa sa ang-kid/ farangsed yipun dai mai**
Je ne comprends pas.	**chan mai kao chai**
Veuillez me l'écrire, s'il vous plaît.	**karuna khien**
Aidez-moi.	**chuey duey**
Quelle heure est-il?	**khi mong?**
Je voudrais...	**chang tong karn...**
Combien cela coûte-t-il?	**raka tao rai?**
Garçon! Mademoiselle!	**khun krap** (dit par un homme) **khun ka** (dit par une femme)

Index

Le numéro d'une page suivi d'un astérisque renvoie à une carte. Le sommaire des *Informations pratiques* figure dans la page de couverture.